Mystery **31**

Mystery **31**

The Green Witch

大地能量綠魔法

獲取大地七福澤，身心靈療癒師、藥草師與自然能量掌握者的修業課

Your Complete Guide to the Natural Magic of Herbs, Flowers, Essential Oils, and More

艾琳・墨菲－希斯考克（Arin Murphy-Hiscock）一著

謝汝萱一譯

Mystery 31

大地能量綠魔法：

獲取大地七福澤，身心靈療癒師、藥草師與自然能量掌握者的修業課

原書書名　The Green Witch: Your Complete Guide to the Natural Magic of Herbs, Flowers, Essential Oils, and More

原書作者　艾琳・墨菲－希斯考克（Arin Murphy-Hiscock）
譯　　者　謝汝萱
封面設計　林淑慧
特約編輯　洪禎璐
主　　編　劉信宏
總 編 輯　林許文二

出　　版　柿子文化事業有限公司
地　　址　11677 臺北市羅斯福路五段 158 號 2 樓
業務專線　（02）89314903#15
讀者專線　（02）89314903#9
傳　　真　（02）29319207
郵撥帳號　19822651 柿子文化事業有限公司
投稿信箱　editor@persimmonbooks.com.tw
服務信箱　service@persimmonbooks.com.tw

業務行政　鄭淑娟、陳顯中

初版一刷　2020 年 9 月
定　　價　新臺幣 380 元
I S B N　978-986-99409-0-0

歡迎走進柿子文化網 http://www.persimmonbooks.com.tw
臉書搜尋 60 秒看新世界
～柿子在秋天火紅 文化在書中成熟～

國家圖書館出版品預行編目 (CIP) 資料

大地能量綠魔法：獲取大地七福澤，身心靈療癒師、藥草師與自然能量掌握者的修業課 / 艾琳 . 墨菲 - 希斯考克 (Arin Murphy-Hiscock) 著 ; 謝汝萱譯 . -- 一版 . -- 臺北市 : 柿子文化 , 2020.09
面；　公分 . -- (Mystery ; 31)
譯 自 : The green witch : your complete guide to the natural magic of herbs, flowers, essential oils, and more
ISBN 978-986-99409-0-0(平裝)
1. 巫術 2. 靈修 3. 自然療法

295　　109011908

獻給

莎雅（Saya）和席妮（Sydney），她們可能是下一代綠女巫。

致謝

我想感謝艾琳（Eileen）與布瑞特（Brett）對本書新版付出的大量心血；我覺得成果超乎以往。

我也要再度感謝十二年前源起出版社（Provenance Press）協助我發展與形成本書資料的原始團隊，尤其是安德里亞（Andrea）。

最後，感謝所有讀者多年來的熱心回饋，本書能夠再版都是拜他們所賜。

推薦序 Foreword

「綠女巫」，聽到這個名稱時，真的覺得非常有趣也喜歡，在魔法的世界裡，植物一直都是非常重要的角色，不是只有瓶瓶罐罐的藥草和精油，而是整個森林和大地。植物是所有魔法師、精靈和神獸的結界與棲身之所，所以我們常常會說整個大自然都是我們的母親，祂孕育出了所有一切的魔法、奇蹟與愛。

我們這一派魔法師稱綠女巫為「自然之女」，也就是這一類人可能沒有受過太多的訓練，卻能夠靠著直覺與整個大自然溝通，與大地的能量流互動，她們能聽懂每一株植物的密語、每一種花草的魔法，以及每一棵樹守護的古老故事，有些秘法被流傳下來且被人們珍藏著，他們的足跡可能在圖書館的某一座書架中，如《茱麗安娜手抄本》那般，而有些則在每一位綠女巫傳承的影子書裡，持續流淌著魔法的秘釀。

在古代，這些知識不是只有女巫或醫師想要得到，在人人鬥爭的宮廷中，更是讓許多王公貴族不惜一切想要得到這些讓自己能權力不墜的秘法。然而，這些秘法其實來源於愛，大地對萬物的愛與能量的連結。

《瘋狂巫術》的作者瑪麗安．葛林（Marian Green）指出：「魔法是學習體認這些變化元素的藝術：大自然的起落模式，進退和中止的時機……魔法教我們如何判定大自然的潮起潮落，看出這些力量是在哪個層次上運作，在此刻能帶給每個人什麼。」我非常同意她的看法，真正的魔法是認知出這世界的元素，就像繪畫要認識三原色一樣，然後讓不同的需求交融出不同的色譜，創造出美好且獨特的美麗奇蹟。

願每一位閱讀或收藏此書的人，都能夠幸福地啜飲這美好的魔法秘釀，並讓其愛與能量流動於你的身心靈。

——YOYO／能量靈媒、「心靈角落」負責人

世界上的自然訊息越來越向我們人類敞開，而此刻覺醒的綠女巫及智女們也越來越多。這些覺醒的靈魂專注於真我力量的探索，身體開始連結地球頻率，並且透過與日月星辰、植物界的共振，將這些古老生命智慧，再一次原汁原味的忠實呈現。

收到這本書時，我正好也進行了幾集將自然魔法融入生活中的療癒系節目錄製。不約而同的，節目中要求我現身說法，談植物花朵的色彩能量學，如何與花卉和環境空間展開對話溝通，並且把我的能量廚房中富有靈性活力的健康飲食，分享給療癒師、藥草師、生活美學愛好者，以及高度敏感的人們，以便更接地氣，並擁有強健的身體抵抗力。

看來大家十分同頻，也紛紛接收到地球的召喚，要一起來號召「活出綠色之道」。「療癒、和諧、平衡」也正是我們這些每天與自然界和香氣為伍的療癒師們，每日奉行修練的法則。

我感覺「大自然綠色之道」的重點，是在還原世界一個本來的面目，而唯有真實與自己的真相和諧共處，才能在二十一世紀今日的地球上發揮自我最大能量，而實踐是唯一通往真實的橋樑。行文至此，我的心忽然連結到大自然那些樹精靈、花仙子們，石頭和水晶礦石們，彷彿它們也在手

舞足蹈地表達大大的認同。而一連結上它們，我的心瞬間輕鬆地打開了大門，真理在大門的屋內，正等候我進去擁抱。我感受到真實的自然，心也跟著不再沉重，輕盈了起來。

讓我們現在就打開書，走進自然的綠色通道，開始實踐這本神奇魔法書指引的各式創作吧！

——上官昭儀／療癒科學教育督導，美力系統創辦人

很多人總是對我的工作感到興趣，也希望可以多了解女巫的生活。

我曾經開設藥草學班，學生在課堂裡對於把藥草融入生活感到十分新奇。我曾經讀過這本書的原文版，那時對我的幫助十分大，可說是入門魔法世界非常實用的一本書。

魔法並不是天方夜譚，而是將意念融入生活裡。

什麼是綠女巫？如何學習成為綠女巫？好想學習如何運用大自然的魔法力量，來改善周遭的生活情況！

如果想遇見喜歡的人該怎麼做？「戴一枝鐵線蕨在身上吧。」如果想強化自己精神力量要怎麼做？「不妨學習如何運用大自然的傑作，試試蒲公英根茶。」

還有將金盞花做成的花環掛在門上，可以防止邪靈進入家門；在房子周圍和室內的植物盆栽中埋入馬鞭草，不僅能夠招財，同時也能讓植物長得更為茂密茁壯；隨身攜帶一袋鳶尾根，能夠引來自己期待的愛情；每天睡前喝一杯玫瑰花茶，能夠夢見未來……等等諸如此類的種種作法，都呈現在這本書裡面。

這本書所涵蓋的層面很廣，例如，關於如何成為女巫，如何培植女

巫的魔法花草，創作並製作魔法或精油來成為自然療癒師，甚至是廚房食譜，以及其他許多自然魔法。

其實，世界上每個人與大自然之間，都存在著無法切割的能量連結，這是遠古以來人類就天生自帶的本能。想要汲取大自然的能量，想恢復你與生俱來的魔法能力，那麼，這本書絕對是你必備的工具之一！

——女巫 Yvette / FB 粉絲專頁「療癒天使的愛情聖殿 - 女巫 Yvette」版主

「綠巫」是什麼樣的一種存在？作者在前言開宗明義說，在今日社會中，與自然連結，找到適合自己人生的平衡之道，就是綠女巫的工作。

「平衡」說來容易，其實難上加難。寫推薦文的此刻，家裡大黑貓離家走失，急得一家人心慌慌，輪班外出呼喊搜尋、貼海報、po 文，各方靈感電波協尋。中間兩次夜裡，貓已回家在門口喵叫，家人開門牠卻一溜煙躲起來。或許是家中有不舒服的能量，讓貓遲疑不肯入門。

在巫朋友的建議下，我拿出親手栽種曬乾的艾草薰香，看著煙氳布滿室內空間，祈願著貓孩入門的景象。才燒完艾草的二十分鐘內，大黑貓就再次出現在門口，我們則坐在屋內溫柔呼喚，貓便自己進屋了。當下我被艾草淨化的力量所震懾，實在無法以文字形容。

巫是 medium，是天地之間傳達訊息的媒介，近來我對此有深刻體會。包括我一直在做的，在人間承接知識經驗與感受，傳遞療癒力量給學生，正是典型「巫」的精神。而貓的離家與返回，委婉的提醒我要釋放肩上緊繃的壓力，身為一個抗壓力過強的女巫，我經常忘記適度鬆綁是維持平衡的法門，貓的離家讓我得以大哭釋放，並且與植物（艾草）和身邊靈性的存在連線，這些都是《大地能量綠魔法》一書中所要傳達的哲學。

如果你跟我一樣，喜愛在生活中種植藥草，運用與感受植物帶來的力量，這是一本為你所寫的書。

——女巫阿娥／芳香療法與香藥草生活保健作家

當我充滿好奇地翻開這本書的譯稿，不知不覺跟著作者淺顯易懂又富饒深意的文字，進入了綠女巫的世界。原本我對於這個名詞並不熟悉，看著看著才發現，原來自己就是一位綠女巫啊！

早年為了探索自我，我到處學了很多課，照單全收之後，發現僅侷限於頭腦的理解，反而施加更多框架跟批判在自己身上，所謂的靈性，竟偏離現實越來越遠。我在無意間進入薩滿傳承，搬到東部城市的邊緣，重拾與自然土地的親密，連結內在動物原型力量，開始整合過去所有學習，落實於生活每個細節之中，跟隨自然韻律流動，有意識地覺察四季更迭、節氣變遷，順應環境而吐納作息。

在每天的生活場景裡、每段關係角色的互動中，還有每個獨處靜默的片刻，一舉手、一投足、嘴裡吐的話語、每個起心動念，都可以化為信手捻來的儀式。有了土地豐饒的滋養，我充滿靈感地運用知識，自如地揮灑自我，為每個尋常的日子，帶來神聖的意圖與創造。

不需入會儀式，沒有特定的神祇信仰，不用刻意遵循戒律規範，只要溫柔地回應內在的感受與外在的流動……這本書將引領你重拾天性中的綠色魔法，透過簡單的儀式及心法，將自然元素融入生活，創造和諧豐盛的每一天。

——孫正欣／Alisa的豐饒角主持人、能量療癒工作者、塔羅作家與系統課教師

《大地能量綠魔法》是我早期入手的幾本藥草魔法書之一，這本書的英文原名是《Green Witch》（綠女巫），意即運用自然系魔法，與植物、藥草為伍的女巫。

在臺灣，最初被當成浪漫花草茶及辛香料的西方藥草們，因為近期植物魔法的興起，以及自然療法盛行逐漸被注意，身邊不少人開始收集一些過去聽都沒聽過的西洋藥草，來製作浸泡油或蠟燭。

在眾多的魔法植物中如何挑選及運用得當是一門大學問，本書為讀者提供了幾個簡單的切入點，以及平易近人的運用方式（包含食用）做為學習西方魔法藥草運用的參考。從理解自我內在的力量開始，連結天地，順應四季與時空的脈動，到自己種植藥草，最終將其化為可用的力量，十分適合魔法愛好者或自然療法的擁護者閱讀與收藏。

運用植物魔法最重要的心態是順應自然法則，不過度，不濫用，了解人與植物同為宇宙的一部分，沒有高低之分，身為與自然能量同行的巫者，除了向動物與礦物學習，植物也是相當優秀的自然導師。

植物魔法向來以土元素的特質較重，而土元素的特色講求的是實作、親身體驗與緩慢的醞釀。請讀者細細品味書中的教導，去運用，去體驗，去種植，去享受植物為身心靈帶來的美好療癒。

——植物系女巫 -Claudia ／臉書「Claudia Studio- 女巫的塔羅．芳療」版主

很多人對巫感到好奇，也常有所誤解，從這本書來認識與實踐是很好的開始。本書中所介紹的綠女巫其實是大自然的守護者。她們深深地認同與尊重大地、宇宙和自己，能善用覺知來感應流過生命、自然萬物與環境的各種不同能量面向，體會自己與周遭各種能量的連結，既懂得汲取來自

大自然的古老智慧，來生活出自己的獨特樣貌，同時也會心心念念地維護自身與自然環境的和諧平衡。

更重要的是，綠女巫之道重視個人特質，強調依隨自己的心，就可以連結天地自然來賦予自己力量，而不用依靠大師、宗教或權威之手，這一點實在深得我心。

本書有許多段落讀來格外引起我內心的共鳴與喜悅。更進一步來說，浸淫身心靈療癒領域多年，我的主要工作是協助把靈性、療癒、生命與魔法整合融會貫通起來，也因此深知真正的療癒與安全感，終究來自於了解與信任宇宙和自己，同時懂得平衡和諧的生存之道，所以當我們能重新發掘如何在切身地與大自然和諧共處，體認到萬物的神聖性，而能夠心靈手巧地把這些知識落實在生活當中時，不僅是與宇宙天地萬物建立了一種互相合作與支持的和諧平衡的親密關係，也代表了我們是真正充滿著愛與力量而自在地存在著。這些都是我內心所遵循的真實與傳承的靈性道路。

事實上，能夠把心靈層次的體會盡可能落實在生活中，是極好的靈性修練。反之，當人們的尋常意識中少了對於天地自然萬物之心的連結與尊重，不僅會濫用力量傷害了蓋婭，也切斷了自己內在最神聖而美好的面向，讓自己不僅難以活出最好的自己，最終也會危及全人類，這樣的失衡總是令人遺憾。

總歸來說，別忘了人本來就是大自然的一部分，人人皆有與自然萬物同步連結與理解的潛能。所以，只要通過適當的引導，學習善用自己內在的覺知天賦與大自然的工具和寶藏，任何人都能開始恢復與大自然不同層面的連結，並且貼近自然能量的流動來運用魔法的原理，好真正為自己和世界帶來美好的改變。

我期待更多人真心踏上師法自然的道路，也從實踐魔法中得到很多啟發和樂趣，透過理解、連結與守護自然的過程，找到屬於自己的簡單平衡之道，因此，我把這本非常有誠意、也非常實用的自然魔法生活寶典，推薦給大家。

——羅美華 Willow Mystic／身星香繫工作室主人、心靈能量開發與療癒教師、靈巫途徑啟蒙者

國外媒體的推薦

拿著這本書到樹林裡去，感受一下蒸汽、樹根和樹葉的豐滿吧。

——*Luna Luna* 雜誌

有趣且簡短地閱讀自然神奇的草藥、花卉、精油等等。綠魔法遠遠超出了你現在的思維範圍。在艾琳的這本實用書籍中，你會得到食譜、草藥混合……練習、儀式建議和食譜等等。她也有一些有用的季節性儀式，一年中不同時間的冥想方式，以及季節性週期和能量的知識。

——我們的博客世界（*We Blog The World*）

作者兼草藥專家艾琳．墨菲—希斯考克展示了如何透過花、草藥和精油的自然魔力來治癒的方法。這本書是連接地球能量和自然力量不可或缺的指南。

——精靈雜誌（*Faerie Magazine*）

不管你是否相信巫術，這本由另類治療師艾琳．墨菲—希斯考克撰寫的神奇之書，將教你草藥、鮮花、精油的治療魔法。

這本書是草藥和能量治療的指南，裡面充滿了各種食譜、儀式和智慧的話語，可以幫助你駕馭身體和靈魂，以及教你如何在大自然找到平衡的力量。

——有機水療雜誌（*Organic Spa Magazine*）

對於那些喜歡在戶外聚會的人來說，也許是在花園裡或在森林深處的空地上，這本書會是一個令人愉快的自然魔法嚮導，它充滿了草藥混合物和藥水的實用配方、精油的特性，以及許多治療和放鬆的想法。

——喧鬧（*Bustle*）

它為你提供了一個知識基礎，你可以開始學習你所學的概念，而不管你的儲藏室是否充足。

——影子之書（*Books of Shadow*）

這是有價值的知識基礎。

——異教徒的書頁（*Pagan Pages*）

讀者的讚譽

這些年來，我從各種綠女巫書中收集了很多有用的信息。但是，身為一個不可知論者，我一直努力與這些書中有關禮節和神靈的許多著作聯繫起來。

這本書就像呼吸了新鮮空氣般，艾琳的信息具有很大的包容性，可以被那些不一定與威卡教精神之路相關的人所輕易地接受，更會被吸引至與大自然更深層次的魔法做連結。

——林恩・尼爾德（Lynn Neild）

非常喜歡這本書！

它的書寫方式會讓你感到輕鬆，並準備好與自然和諧相處。真的是那樣，而且它不基於宗教性。我喜歡有關草藥製備和附錄的章節，可以學習常見的草藥及其用法，實在太容易理解了！

——風雨如磐的 G

到目前為止，我一直很喜歡閱讀這本書（我有兩本，一本是在母親節時送給我媽媽）。

這是一本漂亮的書，有很多知識在其中，是大自然愛好者、有地球意識的人、綠女巫或自然療法的療癒者，都該吸收的文本。這本書沒有宗教性的存在，雖然我不介意它是否具備，但其內容卻是包涵如此多的多元性和觀點，更好的是，它是以綠女巫的應用，來論及一種人道主義的、愛地球的方式。

請享用！

——茉莉（Molly）

這是一本非常有趣的書！作者出色地描述了每個配方，詳細介紹所有不同的能量，並提供許多不同的方法，來實現你的目標，即使你是住在城市的高層公寓中。我還很喜歡她強調安全和尊重的事實，而我讀過的其他一些同類的書，卻根本沒有這樣提過。

書中所論及的「魔法」很容易準備，經過仔細的思量後，這讓我興奮不已，可以嘗試從自己製作掃帚，到製作注入糖和香草麵包的所有東西！

無論你是追求綠女巫之道，還是只是喜歡種植草藥和製作自己的醋飲，這本書都應該是你書架上必不可少的一本！

——Antykthera

我愛上了這份工作，而這本書已經成為我的床頭書了。作者在處理自然巫術（如標題所引用的綠魔法）方面做得非常出色，並描述了開始使用魔法時的許多重要內容。對於那些已經在該領域擁有更高級知識的人來說，這不是什麼「ooooooh」，而是一本不錯的書，而且帶有非宗教性的看法也很有趣，它不會將巫術的想法推向威卡教，但對於自然本身仍然很重視。除了許多其他主題外，書中還提到幾種植物及其用途。

對於那些對魔法和巫術的自然魅力感興趣的人來說，這是一本很棒的書！<3

——瑪麗安・達・席爾瓦（Mariane da Silva）

我是一個綠巫師，這本書是寫得如此深入，以致讀起來不簡單，我的意思是，這是一本非常有用的書，寫得非常好而且很透徹。而我已經很享受它了，覺得自己選擇了正確的道路。

——扭曲貓咪

目錄
CONTENTS

前言 *Introduction*

無論你是為了什麼理由而尋求平衡，都會發現，一旦與大自然的能量和諧共處，便能幫助你擺脫生活中的壓力源，專注於當下。而要探索大自然的寶藏，沒有什麼方法比走上綠女巫這條路更好了。

綠女巫之路是一條博物學家、藥草師、療癒師的路，修業形式不拘，充滿彈性，而且因人而異，只要是想探索大自然福澤並從中尋求生活平衡與和諧的人，都可以運用。在本書中，你會發現用來栽培與滋養綠魔法這種靈性修業所需的資訊——從如何在現代世界走上綠女巫之路的建言，到基本的香草、植物、樹木、石頭等資訊。你會發現各種配方、練習、儀式的建議，還有製作飲劑與混合草料的指示，以達到日常和魔法目的。

從綠魔法的歷史等議題，到建立自身的個人傳統，本書提出正面、實用的指引，讓現代綠女巫能在今日社會中與大自然連結。綠魔法的重要性與獨特之處，在於這是一種高度專精、獨自進行的修業。不是每個人都會受到同樣的事物吸引，可以用同樣的方式修行，重點是，在自己的環境中，找到適合自己人生的平衡之道。

綠女巫與大自然及其福澤合作無間，她運用自然元素來促進身體、靈性、環境的健全，同時建立與自然界的個人連結。要在今日的科技與工業世界中，找到與大自然和諧相處的步調，似乎並不容易。所幸，你不需要去除或逆轉現代的影響力，你要做的，只是設法讓現代生活連結上那些等著你重新發掘的古早智慧。訣竅是，去體認綠能量在今日世界中的存在，去看見這股綠能量如何運作。

傾聽你周圍的世界，打開你的心房，重新找到平衡，然後，享受你的旅程。

請注意：雖然在本書中綠女巫和讀者都是以「她」來指稱，但這條路絕對不只限於女性才能走，現在男性修業者也一天比一天多了。「她」這個代名詞，只是為了方便起見而使用罷了。

Part 1

發現綠魔法

Chapter 1

什麼是綠魔法？

昔日綠女巫遠離人群，運用身邊的植物與樹木能量來療癒別人，有事相求的人，會從四面八方來見她。但如今，綠女巫可能就住在市中心或郊區，有可能從事各行各業，如貿易、醫藥、教學等，也可能是全職媽咪。

然而，綠女巫不是以居住在哪裡、從事哪一行業養家來定義，也不是只有運用植物、樹木或香草的人，才是綠女巫。人們或許以為，綠女巫表達靈性的特殊方式，或是宗教信仰，就是其唯一的定義，但並非如此，綠女巫的定義是來自她與周遭世界的關係，來自她的道德，來自她與自然界的緣分。基本上，她過著綠女巫的人生，活出那條綠色之道。

綠女巫之道是一條充滿個人特色的人生道路，結合了能力與喜惡、特定地理區域的風土，還有女巫與當地環境能量的互動。

與其說這是一種傳統，不如說是個人為了理想而做出的適應。

綠女巫這條路

在大眾觀感中，綠魔法是一種以大自然為基礎的靈性表達，聚焦於個人與其自然環境的互動。巫術本身是一種運用自然能量，來協助完成任務或達到目標的實踐。大體來說，巫術承認有一個神（男神）和一個女神（有時只有女神），而且相信魔法是自然現象。

人們往往會混淆了巫術（witchcraft）與威卡（Wicca），威卡是一種從大自然出發的現代另類宗教。儘管威卡與巫術有許多共同點，兩者都崇敬大自然，但威卡是具有固定形式的特定宗教，巫術則有各種形式，各有不同的結構層次。為了本書需要，「巫術」一詞將用以表示運用自然能量來達到目標，但沒有特定宗教脈絡的修業。

因此，綠女巫是活出綠色之道的人，她意識到大自然的能量流過她的生命和環境，儘管那個環境已經不再是童話和大眾浪漫想像中的傳統花園和森林。

為什麼我們要用「活出綠色之道」這個說法？只說「施行綠魔法」不就好了？原因很簡單。綠魔法不是像儀式性魔法那種有別於日常生活的實踐，而是一種身心完全投入、沉浸其中的全面性體驗，生活的所有層面都是一場魔幻體驗。

綠魔法不是如加德納威卡教（Gardnerian Wicca，譯註：以追隨英國巫師傑拉德·加德納〔Gerald Gardner, 1884-1964〕的信條為主的信仰）、黛安娜威卡教（Dianic Wicca，譯註：以信仰羅馬女神戴安娜〔Diana〕為主的威卡信仰）、精靈教（Feri Tradition，譯註：Feri 又拼為 Faerie、Fairy 等，為美國安德森夫婦〔Victor Henry Anderson 及 Cora Anderson〕在一九六〇年代設立的精靈信仰）或其他有固定形式的傳統。

我們運用「綠女巫傳統」這個詞時，不是指這個傳統有代代相傳且從未中斷的入會儀式，或是確立的知識體系，而是指啟發現代綠女巫與智女（wisewomen，譯註：指社區中懂草藥、接生、民間法術等女性長輩）的各種知識與做法。

由於綠女巫之道是一種因人而異的個人修業，每一本談綠魔法的現代著作，都只是那位作者對綠魔法的個人詮釋。從技術上來說，綠魔法不可能有入會儀式，因為它沒有透過嚴謹訓練而代代相傳的正式知識體系，也沒有由長老施行的神聖儀典，來將你與集體意識建立連結。有些現代折衷團體可能會將其日常修業建立在綠魔法的理想上，但兩者仍舊不同。

修練綠魔法的人可以透過個人筆記、寫作等，將個人知識傳給他人，但那也不是入會儀式。閱讀某位作者關於綠女巫之道的理念與觀點，是一種修業形式，可以從中學到如何以新的目光看待你的世界，發掘新的練習與技巧，來協助精進、加深你與身邊自然界的關係。這段過程不像傳統師徒制那麼強調人與人之間的關係，不會有學徒跟在師父身邊學習的情況，它是某種讓修練者學到知識與技巧的現代形式。

綠女巫的展望

療癒、和諧、平衡的概念，都是綠女巫的修業與人生展望的關鍵。

這些概念體現了三個明確的焦點：

1. 大地（你身邊的環境，還有這顆星球）
2. 人類（人類全體，還有你的周圍社區和親友圈）
3. 你自己

人們往往以為大地是綠女巫的主要焦點，但這麼說有點偏頗。綠女巫對大地的理解，包含了這顆星球與生活在其中的萬物，包括動植物與人類。從這方面來說，沒錯，大地是所有生物的統稱。然而，綠女巫也知道，把動植物與人類混為一談，意味著有時我們會忘記每樣生物理應有自身的特性。我們可以譴責人類對這顆星球大規模的水資源剝削，但比起在辦公室大樓前示威抗議，在地行動往往更能對環境產生立即的效應。綠女巫深知何謂「清掃自家的後院」。

人也是綠女巫的領域。現代綠女巫了解人類對自然界帶來了什麼衝擊，這不僅限於個人帶來的效應，還有他們的感受與信仰所激發的能量。大自然的能量影響著我們，同理，我們的能量也影響著大自然，而那股效應不盡然是正面的。因此，綠女巫一直在設法維持人類與大自然的和諧，她理解人與人之間的能量會相互影響，所以也盡力維持著整個能量環境的和諧，讓置身其中的人能夠感受到祥和，產生力量，進而以正面的方式改善自己，自在且充滿愛地與他人互動。

最後，綠女巫也必須與自己的人生現實和諧共處，發揮自我。這意味著必須實現自己的目標，克服障礙，了解自己，才能淋漓發揮個人的能量與技巧。你的真我未必是你希望成為的樣子，而是你實際的樣子；不過，要找出這個真我可能是異常艱難的目標。我們習慣欺騙自己，手法往往純熟到進棺材的那一天，仍然對自己人格的某些面向不聞不問。不過，面對自己的陰暗面也許是值得的，維持陰暗面與積極面的和諧，能將個人的能量帶向均衡。

綠女巫之路的道德

倫理的概念在靈性表達的任何一條相關道路上都很重要。有趣的是，綠女巫之路不存在任何倫理或道德的相關規定，修業者自身的道德就是唯一的依歸。

為什麼綠魔法沒有倫理或道德守則？

首先，綠魔法是講究個性的實踐，任何含括一切的倫理體系，都會讓某些修業者遭到排除，或是迫使他們改變自己。綠魔法不逼迫個人改變，而是個人選擇去達到人生與大自然能量的平衡。

其次，由於綠女巫與周圍環境和諧共處，所以不需要強加一套倫理結構。如果你領悟到自己是全體的一分子，就很難逆天悖理。與大地合作，意味著倒行逆施只會產生反作用，對接受大地廣大能量的成員，如他人、動植物等，也是如此。當你體悟到違背倫常的負面舉動會波及每個人、每樣事物，你就很難無所顧忌。

> 如果你敬愛身邊的世界，就不會剝削它。對周圍的人事物多一些同理心和體諒，你就更能善待他們。好幾個宗教的基本黃金原則，都與這一點密切相關，這是一種道德互惠：如果你以禮對待周圍的人事物，他們也會待你以禮。你給予世人什麼，世人便會回報你什麼，思想、行動、能量，無不是如此。

綠女巫努力達到這種與世界和諧共處的覺知後，便明白她的行動與選擇會影響誰、影響什麼。有了這層理解，加上她的責任感和守護生命的使命感，就不需要進一步聚焦於倫理道德了。大自然就是你的母親、父親、最好的朋友，沒道理要故意傷害你的親友。請想想你對大地的愛與敬意，將那種敬愛推及構成自然界的所有造物，人類、動物、植物、樹木，全是大自然的一部分，你自然會以對待大地本身的敬意來對待他們。

綠魔法簡史

現代綠魔法是從民俗療癒師與民間法師當中興起的修業。現代綠女巫的先祖是古時候村裡為街坊鄰居進行特定服務的藥草師、產婆、療癒師、智女及賢者。

這些綠女巫的靈性祖先，通常身負接生、入殮等職責，也運用各種不同的植物來療癒人的身心。他們了解生死之事，曉得可以用哪種植物同時達到這兩種存在狀態。這些早期的綠女巫往往德高望重，但人們更常因為她們所擁有的知識而畏懼或不信任她們。她們通常是社區的邊緣人，獨居或是遠離街坊的社交中心。即使到了今日，社會大眾對於擁有常人所沒有的知識的人，還是會覺得不自在。

不過，現代綠女巫的靈性祖先也可能是自願遠離社區中心居住，因為在人群環繞下，較難聽見大自然要傳達的訊息，靠近森林和原野比較有利於賢者與綠色生命世界的能量溝通，蒐集所需要的訊息。

民間法術的施行者，是綠女巫族譜中的次分支，未必與綠女巫截然不同。療癒師有時也是為當地人施行民間法術的法師（如賓州的袍瓦〔powwow〕魔法），但更常見的情況是，她們只是有「喬事」天分的老奶奶。民間法術是在某個特定地理或文化區域代代相傳的傳統與做法，多半是聚焦於愛情與婚姻、農作豐收、天氣預測的占卜。

歐文・戴維斯（Owen Davies）在其精彩著作《賢者：英國歷史上的民間魔法》中說明，相對於療癒師，賢者主要是幫助那些相信自己遭人下咒或中了法術者，去解開咒術的人。魔法是賢者生涯成長的沃土，當大眾不再相信魔法時，賢者的角色也就此下台了。

類似的道路

還有其他道路也與綠女巫之路相近。廚房女巫和樹籬女巫即進行著類似的修業，有時人們也確實會交替使用綠魔法和這些詞。這三條路有三件基本的事是相通的：都是以民間法術為基礎，都不需要有靈性成分，而且這些人通常是隻身踏上這趟旅途。

在完整檢視現代綠女巫這條路之前，我們先來看看廚房魔法和樹籬魔法，了解它們與綠魔法之間的異同。

- **廚房女巫**以家庭為主，施法的主要地點是在家庭的核心，也就是廚房。廚房女巫的法術是建立在日常居家活動中，烹飪、打掃、烘焙等都是施法的根基。比方說，掃掉地上的灰塵，也許能同時清除負能量。廚房女巫是依直覺而不是儀式來工作，也不一定會追蹤修業進度。
- **樹籬女巫**這個詞在英國比美國常見，她們居住在靠近大自然的地方，通常遠離都會區。如果你認為典型的女賢者是住在城鎮邊緣，人們拜訪她們是為了求桃花和治療藥水，那你已經十分清楚樹籬女巫的樣子了。現代的樹籬女巫通常是獨自走在新異教的道路上，以符咒術為施法的基礎。

現代巫師往往想把自己的實踐連上某種歷史，好感覺自己有點傳統的底子，但那種傳統並不比你的自我更重要，綠女巫這條路尤其如此。

回頭承認過去對現代魔法的影響很容易，但每位綠女巫都應該建立自身的做法。這條路沒有入會儀式，不需要遵守一套守則。活出綠色之道，確實就是要反映出綠女巫的內心之光。

現代綠女巫

姑且不論所謂的進步，雖然過往篳路藍縷的歲月可能比現今的生活更艱苦，也更孤立，但現代社會卻經常回味著過往單純的日子。這種嚮往不是懷舊，懷舊只是針對美化過的回憶。這種嚮往是對於創新、促進及改善那些被塵封的知識，產生一種潛意識的真心渴望。我們不必拋卻或反轉現代發明，捨棄人行道、電視機、電腦，只要去發掘如何將現代環境接連上有待我們重新發現的古早智慧，就可以了。

捨棄科技而改以魔法和務農為業，不是真正的答案。單是逆轉演化，回到古早的生活，只是對現代世界的否定。綠女巫並不否定周圍的世界，她接納這個世界，試圖了解如何將這個世界融入她的靈性修業中。綠女巫是今與昔、新與舊的橋樑，訣竅是去體察綠能量在今日世界中的存在，學習看出這股綠能量如何運作。

學習認同大地

綠魔法主要的區別特徵是深刻認同大地。雖然現代另類靈修大多會強調崇敬大地，對自然界產生覺知，但綠女巫不一定是這條另類靈修之路的一員。綠魔法和新異教信仰最主要的不同，在於神形（godforms）並非綠女巫修業的要件。綠女巫只要以神話和古代宗教為依歸，讓自己能深入認識各時代如何看待大地能量，就足夠了，她不一定要崇拜那些表現和代表大地典型與能量的神祇及女神。

這顆星球本身就是呵護的原型，對綠女巫來說，不需要再進一步刻劃那個原型。話說回來，綠女巫往往會發現，她的個人信仰與能量特別能與某位神話人物（神祇或英雄人物）產生共鳴，她能夠從這位神話人物身上獲得啟發。然而，這也不會導致她去敬拜那位人物。

另類宗教提倡人類是地球的管理人或守護人，但在綠女巫的理解中，她就是大地本身的展現，而不只是看守者。這種深刻的認同，讓她能與大地的能量協力合作。

崇敬大地並認為自然界是主要導師的人，有時會被人貼上「自然神派」的標籤，或被稱為「異教徒」。然而，現代人使用這些詞時，一般沒有什麼負面涵義，只是用來描述這些人崇敬大自然神性罷了。在新時代的靈修中，「異教徒」這個詞已經重新被用來描述其靈體與大地本身的心跳共鳴的人。如此說來，綠女巫也是異教徒嗎？很多人是，但並非全部。

綠女巫這條路的定義沒有宗教意味。沒錯，這確實是一條靈性之路，但靈性未必等於宗教，只要綠女巫依舊崇敬大自然的神聖與福澤，她可以加入任何宗教，以自己的方式崇拜神祇。綠女巫從大自然的一切中看見神性，而每位綠女巫對那份神性的詮釋都略有不同。

讚頌生命

綠魔法是對生命的持續禮讚，這是與大自然的對話，既充實了綠女巫，也豐富了大地本身。能量的交換產生了或許能以簡單語言陳述的種種好處：透過這場對話，我們療癒大地，大地也療癒我們。我們透過行動尋求和諧，希望將歪斜的能量平衡過來。

正如其他崇敬大地的道路，綠魔法可以從農曆、季節轉換、天氣型態、祈求健康或豐收的民俗法術中找到根源。多數的現代新異教實踐都根源於基本的綠魔法。請注意，「根源」這個詞是這裡的關鍵：根源意味著一樣事物其來有自，但仍是強大而有所依傍的。否定根源就是否定基礎和力量，我們或許只看見了樹幹和樹枝，但底下的根莖體系其實深廣無比。

> 綠魔法不是一條講求形式的道路，修業者可以依自身需要而改編學到的某些事物。這不只意味著修改別人創建的做法，更意味著讓自己因應需要而改變。這代表保持彈性，隨時回應自己和大地的需要。

我們必須指出的是，綠魔法不是威卡。威卡是一種講求形式的組織性宗教，具有某些信條和道德綱領，追隨者也以固定的方式來實行某些儀式。綠魔法是非組織性、富彈性的修業，沒有固定的節日，也沒有義務性的儀式。綠女巫是隨機應變的，她憑著自身的意志力、才能，以及所在地區的能量與資源，走出自己的路。

舉例來說，如果你住在麻州，後來搬到新墨西哥州，你會在適應新環境、身邊的新動植物群、那片地景的新能量過程中，改變做法，也會調整自己。你和顯現在新墨西哥州的大地樣貌建立新關係時，會發現自己也正以不同於反映麻州環境的方式，顯現出自身的演變。

成為綠女巫的魔法

運用「女巫」（witch）這個詞，不免把我們帶向了「魔法」這個詞，而這是可能造成混淆的詞。魔法不是幻覺，也不是對非自然力量的人為操控。事實上，魔法是完全順應大自然的：魔法是以明確的意圖與覺知來運用自然能量，協助你深入理解周圍的世界，讓自己與這個世界的能量和諧共處。

大多數綠女巫會發現，是否使用「魔法」這個詞其實無關緊要。魔法暗示著非凡的事物，但對綠女巫來說，魔法就在俗世當中，當她感受、回應、輕拂在身邊流動的大自然能量，沒有什麼比這更自然的了。她是在施行自然魔法，大自然本身就充滿魔法，對綠女巫來說，日常即是神聖。

《瘋狂巫術》作者瑪麗安・葛林（Marian Green）追隨的道路，很接近擁抱自然魔法與樹籬法術的綠女巫哲學，她指出：「**魔法是學習體認這些變化元素的藝術：大自然的起落模式，進退和中止的時機……魔法教我們如何判定大自然的潮起潮落，看出這些力量是在哪個層次上運作，在此刻能帶給每個人什麼。**」葛林認為，魔法是去學習與大自然的力量和諧共處，同時理解這些力量如何流經你的生活。當然，這也總結了綠女巫的生涯課業。

在綠魔法的認知中，符咒術是再自然不過的事了，泡一杯迷迭香茶治頭痛算是施咒嗎？或只是一種自然療法？對綠女巫來說，怎麼看待它都無妨，重點是要確實意識到，自己是在借助迷迭香的能量治療短暫的不平衡現象，這是與自然界的連結，當我們體認到自己是這個世界的一部分，才能在人世與綠色世界之間擔任橋樑。

簡言之，開放心胸接納大自然的能量，承認自己是此能量與威力的偉大交響曲的一部分，你就能汲取那股能量，找回生活的平衡。然後，你就能發揮力量，為其他情境中的能量重新找到平衡。

在其他巫術的修行中，存在著提升能量後再瞄準某個靶心或目標施放的方法，而綠女巫運用能量的方法則較緩慢、細膩。她試圖讓自己融入身邊能量的起落，不會刻意聚集能量成形後再施放。綠女巫的修業是從內向外的，順應著自然能量的流動，而不是試圖操縱那些能量。

使用「魔法」這個詞，讓你能另眼看待自己的綠魔法修業，本書不規定你必須創造一個魔法圈來修練，不認為你有義務召喚神祇，也不提出一系列要你務必依形式按表操課的儀式。

綠女巫的修業是流動的、自然的、個人的課業，每一天、每一刻都在其中，每一刻都充滿了「魔法」與潛能，體認到這一點是非常重要的。一切都有魔法，意思是，凡事都是奇妙而獨特的——你的每一次呼吸、每一個步伐、每一次攪動湯水，無不充滿魔法，每個行動都是魔法的行動，生活本身就是魔法。

明白這一點的同時，你也要了解，身為綠女巫的你帶著神聖的任務，不只要守護身邊環境的和諧，也要謹記帕比・培琳（Poppy Palin）在《瘋狂女巫的技藝》中所說的話：「每個正面手勢都有成為符咒的潛力。」

然而，實行綠魔法時也要小心近廟欺神的危險，因為體認到每一刻都有魔法、充滿潛能後，綠女巫最後極有可能變得麻木，反而看不出哪裡特別了。要留意別落入這種窠臼，請讓自己在每年季節轉換時，時時讚歎大自然的喜悅與威力，讚歎日落的美與暴風的驚人。要知道，每一刻都是充滿魔法的，不只因為其中蘊含潛能，也因為那個魔法就發生在一瞬間。對綠女巫來說，俗世之所以神聖，正因為其稀鬆平常，「俗世」（mundane）這個詞源自拉丁文「mundus」，意思是「來自物質世界」，而物質世界創造的能量，正是綠女巫的力量來源。

綠女巫的誓言

基本上，綠魔法是一種態度，是一種人生觀，而透過個人儀式和符咒的製作，也能給予人探索綠色之道的機會。儀式讓你有機會更具條理地運用周圍的能量來協調個人能量，同時以不同於日常生活的方式，體驗身邊環境的自然能量。

如果上文的描述符合你對自己和自身信仰的體認，或許你正受到綠女巫之路的召喚。

如果你希望正式宣告自己要走上這條路，活出綠女巫的人生，你可以立下誓言，或是從以下文字出發，寫出自己的誓言。你可以像這段文字和本書中的其他例子，對一位神祇做出聲明，也可以依照你的意願而選擇不這麼做。

諸位爵士與夫人，
大自然的聖靈，
圍繞在我身邊的大自然元素，
請祝福我走上綠女巫之路。
願我的每個行動都能造福萬物，

人類與大自然皆然。
當我走在這條路上，
請帶給我智慧與和平、安詳與平衡。
請賜予我完成使命的自信，
以及擔負生命重責的氣力。
我誓願守護大自然的聖靈，
與大自然同心協力，
榮耀大自然，
以及構成大自然的每個眾生。
我在此承諾，也向你請願，
此時此地，
我以綠女巫的身分立誓。

如果你想，可以在每年某個對你特別有意義的時刻重新發一次願，如每個季節的開始或結束，好重新確認你對這條路、這種生活的承諾。第四章中會討論四季和你可以從事的各種活動或儀式，進一步協助你調整自己，來配合每年季節週期的能量變化；讓立誓成為讚頌四季或其中一個季節的一環，可以讓你的承諾在心靈中常保如新。

綠女巫的禱文

如果你有意每天祈禱，在一天的開始或結束時祈禱是很好的方式。請試著大聲或默念禱文，在你認為神聖的地方祈禱，可以是獲得正式祝福與祝聖的地方，也可以是單純因為日常使用而有福氣的地方。

諸位爵士與夫人，
大自然的聖靈，
圍繞在我身邊的大自然元素，
請祝福我在這世上的這一天。
願我為自己碰觸的每個生命帶來喜悅與寧靜。
願我的舉動只為世人帶來和諧。
願我治癒痛苦，撫平憤怒。
願我在這條路上創造喜悅與平衡。
大自然的聖靈，請支持我、指引我，
今天和往後的每一天，
我以綠女巫的身分請求你，
並感謝你的眾多祝福。

綠巫術的修練不會經常用到鈴噹和哨子、新奇的工具，或是複雜的儀式。綠女巫這條路也許比任何其他魔法都更仰賴於你的生活哲學，還有如何與周圍的世界互動。基於這個原因，你的禱文、施行的儀式，還有你的聖地，都必須具有個人意義。

創造出一套個人修業模式，將精確反映出你這個人、你盡力與周圍世界和諧共處的渴望，這是活出令人滿足、充實的綠女巫人生的關鍵。

Chapter 2

擁抱自己的力量

綠魔法正如廚房魔法，著重實用性與日常活動，沒有特別的口令，沒有獨特的禱文，沒有制服，沒有聖典，沒有非拿不可的工具，也沒有特定的節日……除非你為自己創造。

綠色之道可以說是日常實踐的藝術，並不自詡為超凡入聖，但能體認到日常生活的神聖性。

也就是說，綠女巫之路雖是神聖的，非常神聖，但並不脫離俗世，因為俗世生活本身對綠女巫來說就是神聖的。

話說回來，如果我們了解到綠女巫的人生因人而異，就可以知道綠女巫之路正是聚焦於從世俗生活體驗到的某些議題與能量。綠魔法不只是一種以使用藥草或綠色植物為基礎的修業，而是朝向建立及維繫自身內部、社區與大自然的和諧邁進。

專注於你的能量中樞

綠女巫的修業專注於七個基本領域（或七股能量）：

1. **和諧**：自己與自己、人類與大自然、個人與個人之間的和諧；社區或家庭的內部和諧。
2. **健全**：身心靈的健全；周圍自然環境的健全；大環境的健全。
3. **愛**：對自己的愛；對其他個人的愛；對全人類的愛。
4. **快樂**：自己的快樂；他人的快樂；自然界的快樂。
5. **平和**：自己內心的平和；社區或家庭內部的平和；派系之間的平和；國家之間的平和。
6. **富庶**：個人的富庶；家庭的富庶；社區的富庶；國家的富庶；大自然的富庶；也包括繁榮與豐收，兩者都是富庶的不同層面。
7. **保護**：個人的保護；家庭的保護；社區的保護；大自然的保護。

這七個領域涵蓋生活的大部分層面。以下我們逐一討論。

和諧

和諧是綠女巫修業的口號與主要目標。和諧可以看成是協助所有其他能量流動的一股能量，可以用來協助其他六個焦點領域的運作。要維持和諧，你必須平衡生活中的這六個領域，而當一切達到和諧之後，這六個領域就會順暢而平衡地流動。當然，你也可以朝和諧的整體目標邁進，本書中的幾個儀式、符法、配方，都有助於促進和諧。

當個人能量達到平衡，自我的各個不同部分也彼此協調時，你就達到了自身的和諧。但是，這聽起來簡單，做起來卻不容易。我們都擁有自己不喜歡、希望自己沒有的特性，然而，承認人格和靈性中存在那些成分，正是重點所在。如果你否認那些成分的存在，就等於否定了自己的一部分，進而否定了自己的一部分能量。如此一來，你就是否定了自己與自然連結的那一部分。人類與自然的和諧很重要，而促進人類與自然界的那種平衡，就是綠女巫的本分。

由於促進個人彼此之間的和諧，也是這條綠色之道的一環，所以人類的相互溝通就是激發並傳遞能量最常見的方式，而這種溝通是社會的基礎。

健全

健全當然關乎你的身體健康，但也關乎你的情緒、心理和靈性是否健全。疾病是源自個人能量的失衡，或是造成失衡的原因，因此必須找回平衡，才能恢復你的健康。傾聽並與你體內的能量合作，能協助你維繫平衡、健全的心靈。所有這些能量都是牽一髮而動全身的，因此某一股能量失衡時，都應該將整體納入考量。

> 你周圍的環境是否健全，也影響著你的身心靈健康。換句話說，環境的健全是綠女巫的通盤考量焦點，因為環境影響著全人類。

愛

人們多半認為愛是生命中很重要的一部分，而且會耗費許多能量來尋求愛、維繫愛，或是加強愛。但是「愛」有很多種，除了立即躍上腦海的浪漫愛情，還有很多種不同的愛。

給自己健康的愛，是讓個人能量達到良好平衡、自尊健全的關鍵。

你所選定的「家族」，是由你的親朋好友組成，你對他們的愛也很重要，因為這些友伴的愛能支援你的日常課業，和這些人維持正面、平衡的關係，對你的情緒與靈性平衡非常重要。

對全人類的愛也是綠女巫的重要焦點領域，雖然要去愛你不認識或不喜歡的人很難。

愛他人能顯現出你如何榮耀與尊敬大自然及其所有造物：這個舉動榮耀了他們的存在本身及其在自然能量中的地位。

快樂

人們追求愛，也追求快樂與喜悅。快樂有很多種，舉例來說，自己的喜悅是一個目標，但你也可以為他人的快樂、自然界的快樂而努力。雖然自然界未必如你一般能感覺到情緒，但當自然界的某個層面或其中的某個物體，能夠與周圍環境或你和諧共處時，就會產生一股平和、滿足的感受，這種狀態就可以看成是快樂。

記住，這一點很重要：**快樂因人而異，沒有哪個舉動或哪樣東西能讓所有人都快樂。**快樂也包括了為自己欣喜、讚賞自己的能力，而且每個人讚賞自己的方式都是獨特的。

平和

視你的需要而定，平和可以意味著各種不同的事：安詳、放鬆、挑釁的消失、寧靜等等。

平和如同快樂，是一種因人而異的概念，因此你的平和要件，可能不在別人設下的定義中。家庭或社區平和時，其內部是平衡的，也能與周圍社區和諧共處。綠女巫會盡力達到寧靜與平和，因為在平和的環境中，可以將原本用來做出某種防禦或攻擊的能量，轉而用來進行有生產性、正面的行動。

富庶

富庶這個焦點領域，涵蓋了繁榮與豐饒等能量。你擁有的某樣東西很豐富時，就不會擔心有所匱乏（除非那樣東西有層出不窮的問題），你才能安心將能量運用在生活中更需要關注的領域，以達到各領域的平衡。照料好你的需要，你才有照料他人的餘裕，就如同其他焦點領域，綠女巫可以照料個人、家庭、社區的富庶，同時也能確保自然界的豐饒與富庶。

保護

保護是指守護珍貴的事物，可以是保護你或其他人的身體、財產、情感的健全、某個人的靈魂或靈體、家庭或社區的健全，或是當地或全球的自然界。當我們獲得保護，就會感覺安全，能夠自由地追尋其他表現自我與成長的途徑。

我們在探索綠女巫的修業時，會一再回到這七個範疇。在本書所提及的各種配方與儀式中，以及協助你理解其用意時，我們會再次提起這幾個焦點領域。

使用工具

由於綠魔法不是一條組織鮮明的道路，所以沒有你必須準備好才能踏上這條路的工具或裝備。不過，綠女巫幾乎都會用到以下幾樣重要物品。

香草與植物

綠魔法這條道路非常著重與自然能量的合作，因此，一說到綠女巫和她所使用的或與之互動的事物，馬上就會讓人聯想到香草與植物，並不令人意外。

事實上，綠女巫的工具箱和材料櫃中會出現許多自然物品。第五章中會探索綠女巫時常使用的樹木、花卉和植物。

你的雙手

綠女巫的雙手就是她最珍貴的工具，她可以用雙手碰觸並汲取訊息，也可以用雙手散布她的關懷。

她的觸覺是敏銳的，雖然我們非常仰賴視覺，但觸覺蘊含強大的力量，可以將那些綠女巫明白要納入考量且同樣重要的訊息傳達出去。觸覺也讓我們能感受到能量，形成綠女巫與其溝通對象之間的直接連結，無論她是要從一株植物汲取訊息，了解其能量與潛在作用為何，或是要將手輕輕放在病童的額頭上。

你將會運用雙手來照料、採集香草與植物，將之存放備用，然後混合起來。你的雙手也可以成為思路與意志的實際延伸。

日誌

將你的探索、田野筆記、配方、儀式、研究記錄下來，是十分重要的，因為這份紀錄將組成你在工作中一再參考的知識主幹。請注意，這本日誌不是「影子之書」（Book of Shadows），秘術士和威卡教徒用這個詞來描述他們的符咒、儀式、魔法資訊紀錄。

你的綠女巫日誌確實也會包含一些魔法資訊，因為在綠女巫的理解中，魔法只是接觸大地能量的另一種方法；但這份日誌的主要內容是配方、速寫、地圖、實驗、觀察，還有你對自己的工作與其他經驗的描述。長久下來，你會寫下很多本日誌。日誌內容有可能是雜亂、隨興的，但這不成問題，你的日誌本來就不需要完美，其本意是要當成你的思緒與知識開展的真實生活快照。

記下你學到的並做出的事，意味著你的資訊可能會以日期來編排，你才會記得並了解你是為了什麼原因，在什麼時候，做了哪些事；這份日誌將為你的變化提供了脈絡。

別擔心你寫下的主題看起來雜亂無章，綠女巫這條路是有機的，讓你的日誌從一個主題蜿蜒延伸到另一個主題是很合理的（就跟日記一樣），有些綠女巫甚至喜歡分成配方、植物知識等幾本日誌，需要參考時才能更快找到那些資訊。

我建議你先把所有事情都記在一本主要的日誌中，待事情圓滿之後，再把配方或儀式或植物知識等，抄進另一本筆記書裡，這樣你就有一本乾淨、井井有條的抄本，可以當成實用參考書。讓自己有個能寫下碰到的每件事的地方，且不需要編輯，這樣是很好的：你可以隨意寫下對植物、樹木、各種元素和情境的第一印象，日後可能價值非凡。

在事後重抄這份資料時，也能幫助你鞏固並加深印象。你也會持續釐清並增添新資訊、新研究。

當你在野外或森林裡漫步，或是在住家附近散步，請務必隨身攜帶你的綠女巫日誌。如果那本主要的日誌太大，不方便攜帶，換一本較小的田野日誌，可能較方便你出門時做筆記。回家後，再把途中隨手記下的資訊寫入那本主要日誌中。幾個月、幾年後，你會明白這本綠女巫日誌對你非常有益。

杯子

簡單的杯子（最好是瓷杯）是綠女巫的實用物品。水是四大物理（和形而上）元素之一，綠女巫工作時，往往希望身邊有每個元素的代表。在這種情況下，拿專用的杯子盛水，便是對水元素的崇敬。此外，杯子在進行儀式的場合中，也能拿來飲用。雖然綠女巫的修業不十分仰賴典禮或特定形式的儀式，但像杯子這種常見工具，如果專門用在綠女巫的工作中，可以為你帶來某種能量。有些綠女巫也會從櫥櫃裡拿出任何一個當時想拿的杯子來使用，因為杯子的內容物才是重點。

缽和杵

缽和杵是搗碎乾草料、種子、樹脂的可貴工具，也可以拿來為各種計畫混合材料。雖然市面上有各種材質的成套缽杵，但石材是最容易保持清潔的材質，也需要有石材的重量和力道，才能搗碎像樹脂這樣的材料。有時金屬會汙染你搗碎的草料能量，木頭則會吸收油脂和汁液，幾乎不可能保持清潔。

雖然你可能會喜歡小型的缽和杵，或是覺得小一點的比較省錢，但還是請你對自己好一點，不要買太小的缽和杵。若是它們的尺寸太小，會很難使用。如果你要用小缽混合材料，一次就只能放一、兩個茶匙了。

缽和杵的標準尺寸大約是高五英寸（約十二．七公分）、寬五英寸，上細下粗的杵長四英寸（約十公分）、寬一英寸（約二．五公分），建議不要使用小於這種尺寸的缽和杵。

碗

你會使用到的另一個基本物品是碗，在進行各項計畫時，它是要用來混合、盛裝各種原料或成分。一套各種尺寸的小瓷碗組，就足夠應付多數的計畫，因為你不需要大量混合各種原料。但你仍要為更繁雜的大型計畫確實準備好一、兩個大玻璃碗，來混合各種原料。不過，請不要使用塑膠碗，塑膠會吸附油脂和氣味，最好使用玻璃或上釉瓷碗。

大小瓶罐

玻璃或陶瓷瓶罐是存放香草、香料和其他原料最理想的容器。跟碗的情況一樣，你也需要有從小香料瓶到大罐子等各種尺寸的瓶罐。有色玻璃或是不透明材質，有助於避免乾草料萎縮，以及流失其具功效的油液。如果你使用的是透明玻璃罐，請把罐子放進櫥櫃，避開陽光，或是用紙筒套住玻璃罐。

小刀或剪刀

綠女巫的一項基本工具，是可以用來割下香草或其他植物的銳利小刀。你必須保持這把刀乾淨無比，而且永遠銳利，因為刀變鈍之後，對於拿刀的人和要切割下來的東西都很危險。如果你不願意用直刀來切割莖葉，一把銳利的大剪刀或小剪刀可能比較適合你，刀子則留在家裡，做為在桌子等平坦堅硬的表面上切剁草料使用。

對有些人來說，剪刀和修枝夾比直刀好用，我也這麼覺得。再次提醒，請時時磨利剪刀，保持一塵不染。就跟杯子的情況一樣，你可以選任何一把你想用的刀來使用。

長棍

長棍或手杖不只能協助你在自然界中四處優遊，也能當成一種象徵性的「世界樹」，連接著物質界與精神界。世界樹的概念，在各地文化的薩滿巫術中都有跡可循。世界樹就像世界的脊柱，支撐並連結著異世界和人類世界，在北歐傳說中，這棵世界樹叫做「宇宙樹」（Yggdrasil），據說是梣樹（有時也說是紫杉）；凱爾特神話中的幾棵世界樹，則是榛樹、橡樹和其他樹木；在薩滿巫術中，世界樹通常是由一根帳篷柱來代表，上方就是異世界的星辰，薩滿會透過一連串冥想與其他方法，使其意識「爬上」這根帳篷柱。

樹是醒目的象徵。樹在我們眼中是強壯的，能遮風擋雨，提供依靠，但我們也認為樹木是靈活的，因為有些樹會隨風搖曳。樹根可以深入土壤，讓樹幹穩固，獲取更多養分。樹枝伸入空中，樹葉才能盡量吸收陽光，進一步滋養樹木。棍棒或手杖是所有這些現象的象徵縮影。這是樹的象徵，蘊含樹的能量，提醒著綠女巫關於天地之間的連結。

有些書會提到叉杖（stang），這是一種分叉的長棍。有時，叉杖會被當成一種祭壇，把沒有分叉的細長端插入土中，分叉的另一端向上，綠女巫便可以隨意掛上想要的裝飾品。花環、香袋、幾束花草、絲帶等，都是掛或綁在叉杖上的常見物品。完成儀式或行動後，叉杖本身還可以重複使用，裝飾品則以虔敬的心予以處置。

拿長棍與小刀來比較是很有意思的。長棍能提供支撐，也能當成連結，小刀（或其他刀刃）則是用來切斷與收割。棍與刀是兩種原型象徵，既對立又互補，綠女巫則兩者都會使用，也崇敬這種結合與切割、統一與分離的原型，這些都是生命週期與其他大自然週期固有的一環。

棉與紗

寬六到八英寸（約十五至二十公分）、長二至三英尺（約六十至九十公分）的一卷天然棉布或紗布，是你在森林或草地上漫步時的實用工具。你可以用來包裹香草，而不是把草放進袋子裡；它們也有助於保存你切下來的柔枝嫩葉。如果你切傷或刮傷自己，或在路上受了其他小傷，棉布還是急救的好幫手（出外散步和探險時，攜帶式的小急救箱永遠是良伴，當然家裡不管是廚房或浴室，也應該要準備一個）。

能量包

身為綠女巫，時日一久，你自然會與石頭、橡樹子、松果或其他小物品產生個人連結，可能會希望把它們帶在身邊。請縫製或購買一個小袋子來裝這些東西，在出外旅行時，把小袋子放進皮夾或背包。這麼一來，你就等於帶著那些物品的天然能量同行，讓這些物品影響你自身的能量。你也能保持其情感與個人意義的聯繫，讓這些物品給你不同的支持。這些物品會合力形成一股個人的力量來源。

不過，切莫使用太大的袋子：如果你發現自己帶了太多魔法物品，就代表該整理一番了，你必須挑出最重要的物品來。請把你從袋子中挑出的物品放進家裡的個人聖龕中，以便保持與這個物品的不同聯繫（關於聖龕的更多細節，詳見本章下文。）

讓你家成為聖堂

過去，壁爐是家庭的核心，是產生光與熱、準備食物的地方。壁爐魔法或壁爐法術是以安全、滋養、保護為重心，大多數的修業之路都有側重壁爐和居家的一面。對綠女巫來說，由於她的靈修是集中在從居家出發的單純民俗實踐上，所以壁爐魔法在她的綠魔法中格外重要。

> 走上綠女巫這條路的人，大多都會與周圍環境保持著強烈的緣分。出於本能，她們會試圖建立能支持和諧、溝通及能量自然流動的環境。

在你培養靈性的過程中，往往會忽視自己的家（即你所居住的地方）也是一個工具。你家就是給你精力的地方，也應該是你能安心返回充電後再出發的地方。如果你的家雜亂無章，充滿不協調的能量，你就缺少了可以提供所需精力的後盾，就此切斷了一個精力與能量的來源。

改善住家的訣竅

要如何讓家裡成為聖堂？到頭來，還是要看你和最能支援日常生活的是哪種能量而定。以下是幾個訣竅和秘訣，可以讓你家成為綠女巫的最佳所在。這些訣竅能協助你保持家裡的正能量暢通無阻。

- **觀察你的室內裝潢**。你家的裝潢充分說明了你是怎樣的人。然而，在你愈來愈習慣物品擺設的樣子後，有時會忘記剛搬進公寓時，本來是想把毫無特色的白牆塗上別的顏色，只是抽不出時間，或是家具依舊擺在剛搬進來尚在適應時的位置。請以嶄新、批判的目光觀察家裡。牆壁的顏色能反映出你的個性嗎？家具透露了哪些關於你的事？請走進每個房間。有沒有哪個地方是你必須費一番功夫才進得去的？如果你不想進去是因為太麻煩了（基於物理或其他因素），那十之八九是因為能量流經那裡時被堵住了，或因為其他原因慢了下來。請考慮重新安排家具、相片和各種擺設的位置。
- **清除用不著的東西**。如果你現在用不到某樣東西，就丟棄吧，否則只是占空間、阻礙能量流通罷了。你可以把它賣掉，託付給朋友，帶到二手商店寄賣，或是以別種用途用在其他地方。
- **檢視你的圖畫與相片**。它們對你有深刻的心理效應。請觀看圖畫或相片中的主要色彩、其中的人物。他們給你什麼感覺？這些相片和圖畫擺在那裡適合嗎？雖然你很喜愛孟克的〈吶喊〉版畫，但在你想放鬆身心的地方，它卻可能不是最佳藝術品。

- **思考家裡每個房間的目的**。判定其真正的主題或目的何在時，你可以專心思考要去除哪些阻礙能量的元素，促使你想要的能量停留其中。舉例來說，如果你在客廳擺書桌或設辦公室，放家用健身器材，孩子的玩具也存放在這裡，可以想見客廳裡一定充滿了相互衝突的能量。這些都不是壞能量，只是雜亂無章。請試著讓每個房間都有清楚獨立的目的，有別於其他房間，你會發現這樣能量清爽多了。如果房間有雙重功能，請讓每樣東西各得其所。
- **保持整潔**。正如居家環境有可能塵埃密布，能量也會顯得汙濁晦暗。很不幸的事實是，在不整潔的環境中，能量也會腐敗、惡化。雖然家事不是什麼令人振奮的消遣，但有助於保持家裡的能量明亮順暢。請確保每樣事物都有各自的位置，也都能妥善歸位。請盡量保持每種表面一塵不染，井然有序。
- **定期淨化**。靈性的淨化就相當於打掃物理環境，是保持家裡能量環境健全的妙方，也是擺脫爭吵所留下的惡意能量或派對後留下的混亂能量的好方法，還能去除囤積在角落或困在裝潢不佳的房間裡的殘餘廢能量。你可以在本章下文找到如何淨化的指示。

有時我們瀏覽各處時，會很納悶要如何才能讓家裡成為安寧和喜悅的避風港。好好來個春季大掃除（就算是秋季也一樣！）永遠是好主意。如果一次清理整棟屋子的壓力太大，可以一間間慢慢清理，先打掃要做為靈性聖殿和個人避難所的房間。你也可以從家屋中心逐步往外清理。

你的聖殿不需要完全僅供自己和你的修業使用；事實上，可以有這種選擇的人屈指可數，如果你做得到，我向你致敬。我們大多數人都必須和家人分享空間，闢出一小塊角落湊合著用。然而，儘管只是一個小角落，對你的靈性健康來說也很重要。不論你是使用一張邊桌旁的椅子，鋪上你最愛的披巾，再擺好蠟燭和小盆栽，還是使用臨窗的座椅，放上以色彩宜人的軟布或花樣織物做成的靠墊，都不要低估這方角落的威力。如果這是你的空間，你就可以在這裡坐下，闔上眼睛，將那股寧靜注入此處，找出你的平衡。

另一方面，你家的核心在哪裡也很容易辨認。人們來到你家時，最後是不是都會聚集在廚房？你的家人是不是都聚在某個房間，雖然另一個房間才應該是家人團聚的地方？人們聚集的地方可能才是你家真正的核心。這裡未必是寧靜的地方，通常人們會在這裡進進出出，彼此溝通和分享。這是每個人都想來的地方。從這裡開始進行住家淨化，對使用這個空間的每個人都有益處。

身體清潔，靈性淨化

談到維持居家環境的健全和幸福，綠女巫有幾個錦囊妙計。首先是用一點自然魔法來加強物理清潔劑的功效。其次是去了解，不論就物理還是靈性來說，她都必須定期清掃空間中的能量。

加強家用清潔劑功效最簡單的一個方法，是賦予其力量，也就是注入與特定目標有關的額外能量。做起來很簡單。

1. 首先，手裡拿著清潔劑，或把雙手放在清潔劑上，閉上眼睛。
2. 深呼吸三到四次，讓自己平心靜氣下來。
3. 想著你希望用來加強清潔劑以達到目標的那股能量。例如，你可以專心想著快樂。試著回想快樂的感受。

4. 現在，試著將那種感受注入清潔劑中。觀想著心中升起那股感受，並順著你的手臂往下流出雙手；請看著清潔劑吸納那股能量。

現在，每當你清掃時，不僅在使用那個清潔劑打掃環境，同時也將清潔劑所蘊含的能量注入那個區域中。你可以為清潔用品注入多種能量，只要那些能量彼此支援，不會相互干擾就好。舉例來說，你可以為家具亮光劑注入快樂、平和、繁榮的能量。為了獲得最佳效果，請選用對地球友善的有機或公平交易產品，才不會含有毒成分。

你可以統一賦予所有的清潔劑力量，也可以就每個清潔劑的不同目的或不同成分，來賦予不同力量。第五章列出了與清潔產品的香味和成分有關的特性。你可以運用這些特性來賦予清潔用品力量。舉例來說，如果你的清潔劑有松香味，可以賦予其保護或繁榮的力量。如果你的窗戶洗潔劑有檸檬味，可以賦予其愛與喜悅的力量。如果你的洗碗精有蘋果香，可以賦予其健康的力量。

清潔時，你可以進一步觀想自己將那股能量召喚到這個空間中。一邊打掃一邊觀想，也有助於你減少一想到灰塵清完後又會累積之時的煩悶與忿恨感。請把這份工作想成是綠女巫在維持個人空間秩序。

淨化是保持你的空間整潔明亮的第二個層面。清理居住空間的能量之所以重要，是因為環境的能量影響著在其中活動的人的能量。如果你走進一個房間，莫名地感到異樣，就是受了那個空間的能量影響。雖然清潔的物理狀態會影響房間中的能量，你還是必須整頓其既有的能量，否則負能量會累積，就像你不去清理書架，灰塵也會累積一般。

淨化可以用幾種方式完成。最典型的做法是以掃帚掃除負能量。人們往往只把女巫的掃帚看成是象徵，但其實它可以當成日常工具來使用。掃帚可以是一種非常實用的物品，而且很容易上手。

掃帚淨化

你幾乎可以隨時隨地用掃帚來進行基本的淨化。不要使用塑膠或尼龍製的掃帚毛。請找真正的稻草掃帚。工藝材料行和對外開放的農場，有時也會賣手作掃帚（要做出有個人特色的掃帚，可以依第七章的指示自行製作）。

這把掃帚可以只用來淨化，也可以當成定期清掃家裡的淨化掃帚。以掃帚淨化時應該遵循以下的步驟：

1. 站在你打算淨化的房間中央。雙手握著掃帚。
2. 緩慢地深呼吸三次，讓自己平靜下來。
3. 開始做出打掃的動作，從右往左掃。不要讓掃帚真的碰到地板，請離地面一英寸（約二・五公分）左右。你要清掃的是能量，不是地板本身。
4. 向左轉，慢慢地轉身。這樣是逆時針方向，傳統上認為這方向與打破並驅逐負能量有關。請以逆時針方向繞行房間，走到哪裡，就讓掃帚離地掃到哪裡。邊走邊掃的同時，請觀想你的掃帚擾動了房間中的能量，破除了沉重的區域，讓能量恢復正常流動。請看著能量從暗沉變得明亮閃耀。

5. 打掃整個房間，逐漸擴大你的逆時針繞行路線，直到掃到門口為止。
6. 你希望的話，可以在完成淨化時以一句簡短聲明來收尾，例如：明亮而強大的能量流經我家。這個房間已經淨化了。

另一個淨化房間的絕佳方法是使用薰香。以下配方所製作出的溫和薰香，在焚燒時能釋放出與清掃負力有關的能量。製作與運用草料薰香的細節，請見第七章。

淨化房間的薰香

請在隔熱香爐或碟子上，放一塊小型自燃炭塊（不是烤肉用的木炭），在炭塊上焚燒一撮薰香。以下的配方能做出一湯匙左右的薰香：

材料

◎ 1 茶匙乳香樹脂
◎ 1 茶匙柯巴樹脂
◎ 缽和杵（可不用）
◎ 1 茶匙乾燥的檸檬皮粉
◎ 3 撮乾薰衣草

◎ 有密封蓋的小玻璃罐

做法

1. 如果有必要，用缽和杵把樹脂輕輕搗碎成小顆粒。小心不要搗得太碎，以免樹脂變得黏答答的。
2. 把所有成分放進罐子裡，蓋好後搖一搖，充分混合所有材料。
3. 把罐子拿在手裡，觀想一道亮光籠罩著罐子。這道亮光就是能賦予薰香力量的淨化能量。請觀想樹脂和香草的混合材料吸收了這道亮光。
4. 將一張日期標籤貼在罐子上。使用薰香時，請點燃炭塊，依第七章的指示放進香爐中。取一撮淨化薰香撒在炭塊上。將香爐擺在房間中央，讓淨化能量透過香煙釋放到房間中。

在家裡運用四大元素

一想到綠女巫之路，你腦海裡浮現的第一個印象可能是她置身於大自然中，但如前所述，綠女巫的家裡就跟野外的大自然一樣重要。居住在都市環境中的我們，大多沒有機會到野外。現代綠女巫得設法在沒有大自然圍繞的情況下，連結綠色能量。而這在家裡就可以輕易做到。

每位綠女巫都是不同的，由於這是沒有特定形式的修行，所以也沒有裝飾個人空間的固定做法。

你家是依你的個人品味及喜好而布置的，有可能截然不同於另一位綠女巫的家。要將自然界的能量帶進家裡，最簡單的方法是把植物帶進你生活的空間中。

讓自己置身於具有個人意義的物品當中，同時選擇反映出和諧與平衡目標的色彩與裝潢，能促使你家成為充滿力量的場所。雖然綠女巫在家裡或附近大多有特地用來當成神聖場所的一或多個房間、角落、小地方，讓她可以與大自然及神力合作或交流，但你也可以把整個家變成聖堂。

不論是廚房爐邊，還是另一個家人聚集的房間爐邊，壁爐邊（也是家庭的核心）永遠是綠女巫家裡的焦點。但要實際敬拜的話，這個場所卻不太方便。雖然綠魔法確實不講究儀典，不需要時時舉行有特定形式的儀式，但如果你有一個可以接觸神性的中心區域，可以讓你的靈性之旅更踏實。聖龕是滿足這個目標的理想做法。

綠女巫承認神性能量會在自然界顯現。自然界的基本形而上建材是四大元素：土、風、火、水。運用這四大元素，就能加強你與自然界的連結，而且在屋內外都可以進行。如果你沒有機會到森林和原野，可以在室內運用這四大元素，透過這些元素平衡你與自然界的連結。

元素聖龕

元素聖龕是你與四大元素中的一或四種元素連結的地方。比方說，如果你建造水聖龕，可以放盛滿水的水晶杯、小水瀑、貝殼、河裡的石頭，還有瀑布、暴雨、平靜湖水的圖畫或相片。你可以在這些物品底下鋪一條柔軟的藍色圍巾，或許再加上一、兩塊清澈的石英代表冰。火聖龕可以集結紅色和金色蠟燭，底下鋪深紅色的布，或許可以再加上紅銅或黃銅製的獅或龍小雕像。重點是你要思考這個元素對你而言意味著什麼，然後蒐羅幾樣物品來喚起你受到那個元素啟發時的感受。

還有一個重點也要記住，那就是聖龕不是聖壇。聖壇是經過祝聖的焦點場所，供綠女巫的靈性使用。聖壇是施符咒或進行儀式時擺放工具或設備的地方，也是你施法和進行魔法的地方。聖壇有可能是永久的，也可能是暫時的。多數女巫會在施法時設立臨時聖壇。聖龕可以用來敬拜神祇或元素，但聖壇不需要滿足這項目的，所以一般認為它較接近工作區。

多數綠女巫會在需要時，隨意把任何平面當成聖壇，每次設立聖壇，就用同一條布鋪在各種平面上。如果是這樣，這條布本身就成了聖壇，帶有與重複的靈性施作有關的能量。

> 綠女巫是依直覺行事，可能不會每次都在同一個地點進行儀式或施咒，而是依當時的感受，在比較符合其目標的地點進行。對綠女巫來說，這意味著工作檯或手工藝桌有時也能當成聖壇使用。

綠女巫實事求是的態度，決定著她要在哪裡工作，而且這些不同任務往往也在不同的地點執行。她有可能在廚房製作飲劑與油膏，在車庫做守護花環。你可能會在每次設好臨時聖壇時正式祝聖，也可能不這麼做，因為對綠女巫來說世俗就是神聖。要為你選來當成聖壇的平面祝聖時，只要以四大元素來簡單祝福就可以了（見第七章的元素祝福）。身為綠女巫，你也可以考慮在院子或陽臺（如果有的話）一角，以石頭或殘株做為永久的戶外聖壇。

然而，聖龕是敬拜某物或某人或留下供品的地方，你可以在這裡收集具有個人意義的物品和各種能量，交織成超過各樣物品總和的更大能量。聖龕能創造出某個特定能量的空間。聖龕絕妙的地方是，沒有人需要知道它是什麼。聖龕可以簡單到只是一張相片、一根蠟燭、一個貝殼、一束綁在置物架上的彩帶。任何人看了可能都以為它們只是裝飾品，但你明白自己為什麼要把那些東西放在一起。重點是，蒐羅這些物品所具有的能量，能達到你預見的目標。

元素聖龕不需要設在通常被視為與那個元素相關的地方。舉例來說，你不必在戶外設置土聖龕，在浴室設立水聖龕，在廚房設立火聖龕。請實驗看看在四個不同地點設置四個不同的聖龕。你可以試著在房子北邊設置土聖龕，東邊設置風聖龕，南邊設置火聖龕，西邊設置水聖龕；在西方國家的各種神秘信仰傳統中，通常會將這四個方位與這四大元素相連。你也可以思考你對家裡不同區域的各類能量有何感受，依你的感受設置聖龕，儘管那裡不是傳統上與那個元素連結的方位。如果你經常在其中一個房間進行思考與溝通，可以試著在這裡設立風聖龕。如果其中一個房間是大家忙碌了一天之後會來此放鬆、享受寧靜的地方，可以在這裡設立土聖龕或水聖龕。請確保讓每個元素都有獨立的聖龕，才能保持家中能量的平衡。

如果你家的某個部分缺少某種能量，可以設立適當的元素聖龕來平衡那種匱乏。如果人們容易在某個房間發脾氣，或是能量飆得太高，這個房間的裝潢可能產生了太多火能量，或可能是能量流動匯聚的結果。請試著設立土聖龕或水聖龕，以其穩定或寧靜來平衡火的能量。

你也可以實驗看看設立一個四元素聖龕會如何。將這個聖龕設在你覺得妥當的地方，也許在你的個人聖殿附近，或在靠近門的地方，這樣你進門的第一刻、出門前的最後一刻，都會看見聖龕；你也可以設在家裡中央附近。在四元素聖龕中，你不需要蒐集林林總總的各元素代表物，只要選擇一、兩樣物品來代表每個元素，再集合起來按照你喜歡和覺得妥當的方式擺放就可以了。聖龕是流動的；你可以隨時放進吸引自己的物品，移走你覺得已經不再適用原本目標的物品。

在四元素聖龕中，請各選至少一樣物品來代表每個元素。傳統上認為，一小碟鹽或沙帶有土的能量，蠟燭帶有火的能量，一小碟或一杯水帶有水的能量，線香或羽毛或鮮花帶有風的能量。如果你擔心鹽或水會打翻，可以試試以小盆栽或石頭來代表土，以貝殼代表水。只在你待在房裡時再點燃蠟燭和香就好了。每天花幾分鐘做這件事，有助於你集中思緒和能量，給你片刻的安寧，讓你能與這四種基本的自然建材交流。

主題式聖龕

在不同地點設置聖龕，讓每個聖龕聚焦於不同的能量，可以產生特定能量的「渦流」，平衡那些能量在你家裡過多或不足的情形。請考慮為綠女巫所聚焦的一或多個基本區域設置聖龕。比方說，如果你希望為家裡帶來更多繁榮與健康，何不以你認為代表富庶和健康的物品來設立聖龕呢？

打造戶外聖地

如果你這位都市綠女巫夠幸運，在住家前後擁有一點綠地，你可以下一些工夫，讓這塊綠地變得生氣勃勃，多幾分神聖。

如果你擁有或租來一塊地，可以考慮打造一個小型戶外聖地，讓你在其中放鬆，恢復平衡，重新找到與自然界的連結。當人們聽到「戶外聖地」時，大多會聯想到一大片空間，或許還有立石和繁花盛開的花園，但綠女巫知道聖地不需要這麼費工夫。一個小角落、一張花園長椅，甚至一顆埋進小花圃的石頭，都能當成你的聖地。

你也許夢想著要把整座後院改造成聖殿，但事實上，你的院子更可能成為孩子的遊戲區、工具棚、水池或倉庫。如果你想與別人分享綠色空間，這也會限制你的活動與自由進出的機會。

從實際面來看，打造戶外聖地也許比打造室內聖殿更不容易。如果你覺得保持室內整潔是個雜務，那戶外空間也是一樣。把整個後院打造成聖地，意味著你必須讓整個空間保持乾淨、整潔、健全、維護良好。

聖地不需要很醒目，可以是只有你知道能培養自己的靈性的一小塊地方。你可以選幾株植物來代表你的修業，把它們種在一起。你可以在各株植物中央放一塊石頭，或是不怕風吹日曬的小雕像，或是立起上面掛了一小串風鈴的棚架。請做出對你有個人意義的設計。你這個小小的戶外聖地應該能讓你坐下或站著一會兒，釐清你的思緒，接觸聖靈，同時恢復自身的平衡。

你也可以從大自然的聖地中找到靈感。有時人們會將溪流、池、湖看成是神聖的，因為水通常與冥界有關。如果你對某個小水瀑或其他水景有興趣，那裡可以成為你的個人聖地。傳統觀點也認為單棵樹木或樹叢是神聖的。你可以在聖地中種一棵特別的樹或灌木。一般也認為山是神聖的。雖然堆出一座山，甚至一個土堆，是不太實際的做法（甚至根本做不到），但你可以用一或多顆立石來代表一座山，石頭可大可小，依你的意願而定。你甚至可以帶著特定意念把一顆直徑十二英寸（約三十公分）的小石頭「種」進土裡，宣布那方空間的神聖。

都市環境中的現代綠女巫有時會覺得悵然若失，但你永遠有其他選項。請造訪你所在城市的市立公園或公立花園，找一個你覺得舒服、能平靜下來的地方，你可以在那裡達到與自然界的重新連結與平衡。請在你的陽臺種數盆花草（關於綠女巫在都市培植盆栽花園的訣竅與概念，請見第六章）。經過精挑細選的室內植物，可以產生戶外的氛圍，讓你在其中建立與聖地的連結。

與地球同步

無論綠女巫是否容易親近大自然，她都要與大地密切合作。你可以住在高樓大廈的四十七樓，但仍然與大地保持有意義的關係。綠女巫的常見盟友是地靈（earth spirits）。地靈是你修行時的得力夥伴與幫手。地靈是一種智靈或覺知，依附於某個特定地點、植物或樹木，如岩石或溪流的自然物體，或是某種特定型態的天氣。這些智靈有時叫做提婆（deva），有時叫做精靈。我們通常都稱呼它們是「地靈」，或是某樣事物的「靈」或「力」。重點是要了解這些靈力並非神祇。

所有綠女巫都承認地靈，或是會與地靈合作嗎？不是的。有些綠女巫談起精靈或提婆時會很自在，有些人則會翻個白眼轉身去整理花園。但大多數綠女巫確實承認大自然有智慧，或是有某種靈體感，而且因地而異。但不是所有人都會給那種靈體感一個名稱或類別。

如何與這些靈或力合作，要看綠女巫對它們的觀感如何。綠女巫大多同意，與各式各樣的大自然力量和能量連結，是其修行中的關鍵面向，但綠女巫們對如何連結的做法，可能沒有共識，甚至所連結的力量也不一樣。這就告訴我們，綠魔法是一種充滿個人特色的實踐。綠女巫大多會同意的一件事是，她們都盡力與這些大自然力量和諧共處。

這些靈體在你的觀想中是什麼樣子，完全取決於你。你可以把它們看成是小人或光球，也可能根本看不到它們，不過靠近某個與靈體有關的樹木、花朵、立石、現象時，你感覺得到情緒或知覺。你的觀想與其他人的觀想吻合與否並不重要，重要的是如果你選擇要與這些靈體合作，就必須崇敬它們，把它們看成是你在綠女巫這條路上的盟友，協助你適應自然界的步調，恢復你的人生平衡與和諧。

你可以在許多地方、透過各式各樣的方法，邂逅自然靈體。最簡單的方法是接觸並連結一株植物的靈，然後請那株植物靈給你關於這種植物的用途與特性的資訊。艾略特．考恩（Eliot Cowan）在《植物靈醫學》中強調，每一株植物擁有的能量，完全是那株植物才擁有的。那株植物靈給你的資訊或禮物，正是你當時需要的資訊或禮物。而這樣禮物未必是傳統上與那種植物連結的能量。比方說，你對一叢薔薇投射你的覺知，但它回報給你的能量未必是愛。那叢薔薇的靈可能會覺得你需要的是不同的東西，於是給你那樣東西。

與大自然靈體進行這類合作的關鍵，是敞開心房接納它們給你的一切，不要心存期待或成見。參考植物的相關特性表，能有效協助你大致掌握如何運用某種植物的能量，不過，直接與那株植物靈溝通，親自理解或詮釋那股能量及其用途，成效會大得多。

綠女巫從來不以為自己所知甚豐，或自以為正確，或是只從表面來評斷事物。在你深入理解元素、過程、情境時，尋求自己的經驗、形成自己的意見，是很重要的。第三章提供的一連串練習，是要協助你透過感官吸收資訊與能量，同時也提供一些與大自然互動、從植物靈身上獲得資訊的各種技巧給你。

由於與植物能量合作的方法不一而足，每位綠女巫都要培養自己吸收並運用那股能量的方法。將植物能量用在藥草學的實踐中，或許是運用自然能量最常見的方法，但順勢療法和巴赫花療法（Bach flower remedies，譯註：指順勢療法醫師艾德華．巴赫〔Edward Bach〕所開發的花精療法）等，與花卉、植物、樹木合作的方法也廣受歡迎。

Chapter 3

順應大自然的節奏

在綠魔法中，最重要的一項實踐是持續重建你對身邊大自然的理解。與你的物理環境保持聯繫，是保持個人修行具有意義的關鍵。如果你失去與環境的接觸，也就失去了連結你和身邊大自然的要件。

綠魔法永遠是關乎當下，關乎你身邊環境的現狀。意識到你的環境，意味著你了解有哪些能量在其中流動、這個環境產生哪些能量、這個環境健全與否，以及它的波動率如何。

這也表示你要意識到自己的能量與心智或情緒狀態，要如何契合你的環境。如果你沒有意識到自己的環境現狀，那要如何評斷自己該做哪些事？或許你以為自己了解身邊的環境，但當你停下腳步與環境建立新關係時，結果可能會出乎你的意料。

活出綠女巫之道的一個根本基礎，是打造與大自然及大自然力量的關聯。最要緊的是形成你和實際存在的事物之間的連結，而不是你和自以為存在的事物之間的連結。

認識你在宇宙中的角落

如果你居住在都市環境中，那座城市的能量就是你必須敞開心房接納的能量，這樣你才能契合鄰近社區、周圍環境的步調。關鍵要點是要與實際存在的自然環境互動，不是與你想像中或理想化的自然環境互動。你昨天或上個月認識的環境，已經不再是目前身邊的環境了：能量是持續變動的。因此，綠女巫必須察覺到這一點，時時調整她的認識。

你或許認為自己了解周圍社區，但花時間以新的目光來看待社區是有用的。請運用你所有的感官來探索居住的地區。詢問自己以下的問題。請誠實作答：

- 在你居住的地區，四季如何變化？你看得見、感覺到哪些改變？
- 月亮對你有什麼影響？現在的月相如何？
- 哪種野生植物在你的社區很常見？請至少舉出十種當地植物。
- 在這十種當地植物中，哪種是你所在地區的原生植物？哪種是外來植物？這些外來植物是什麼時候、由誰引進的？
- 在你的社區中，哪些樹木最常見？同樣的，哪些是原生樹種，哪些又是被刻意引進這個社區的？是在什麼時候、由誰引進的？
- 你的地區有哪些原生的野生動物？
- 流入你家水龍頭的水是硬水或軟水？

● 你家附近的土壤是什麼類型？粉末狀、黏土狀、砂質，還是其他質地？鹼性還是酸性？

你所不知道的事，有可能讓你詫異，也可能讓你失望。你或許知道和你家那條街相交的路是什麼名字，或離你家最近的是哪座公園，但對身邊自然環境中最基本、最不可或缺的要素，你往往一無所知或無從辨認。花時間認識你的鄰近社區，能扎下厚實的底子，讓你更了解身邊的自然環境如何運作。

請特地找出上述問題的答案。將答案寫進你的綠女巫日誌。

帶著加強後的覺知在鄰近社區四處走動，可以教會你的，將比你自以為知道的還要多。請進行以下練習，這些練習的目的是協助你盡量觀察，讓你每次收集資訊的經驗都能有最大的收穫。

互動練習

帶著特定意念來觀察，你對鄰近社區將有更多發現。要做這項練習時，請先選一顆你熟悉的石頭或一株你熟悉的植物。讓自己重新體驗這顆石頭或這株植物，彷彿你是第一次碰見它。請回答下列問題，將答案寫進你的綠女巫日誌。

◎ 這顆石頭或這株植物摸起來的觸感如何？
◎ 味道如何？
◎ 外觀如何？

◎ 會產生什麼聲音？

◎ 味道如何？（當心！請試著從空中品嚐味道。絕對不要把品種不明的植物或物體放進嘴裡。）

用你熟悉的幾株植物或幾顆石頭做完這個練習後，再拿你不認識的植物或石頭來試試。因這些練習而產生的筆記，可以當成你的綠女巫知識的基礎，成為個人修業的核心。

體驗四周的環境能量

雖然綠女巫使用香草是為了其藥用特性，但自然界的魔法特性也是她的良伴。綜觀各時代與各種香草相關的傳統用途，你會發現其魔法用途往往與藥用功效相提並論。這是因為香草除了特定的化學成分決定了其對身體產生的效用，它也擁有獨特的能量，影響著人的情緒與靈性。

感測能量練習

請拿一株你熟悉的植物來進行這項練習，之後再拿你從未見過或處理過的植物來練習。請相信自己的觀察。準備好這株植物，加上你的綠女巫日誌、一枝原子筆或鉛筆，來進行這項練習。

1. 將植物拿在手裡。如果是乾燥或切割下來的植物，請握一點在手心，或是手心向下蓋在植物上。如果是你已經正確辨認出可以安全碰觸的活株植物，請你以手指輕觸。如果你認不出這是哪種植物，請把手拿高或放在側面，掌心向著植物。
2. 閉上眼睛，想像你的手心發光。請專心想著手心的感受。手心可能會刺痛，或是發熱、發冷。那表示你正專心啟動手心自然產生的能量。
3. 觀想這株植物發出光芒。
4. 觀想那股聚集在掌心的發光能量緩緩延伸，碰觸到植物的發光能量。

   這兩股能量相遇時，請詢問自己有何感受。你感覺到某種特別的情緒了嗎？是否有思緒飛進你的腦海？有任何想法或模糊的預感嗎？請仔細留意。這種以自己的能量來感受植物能量的方法，能聚集你對這株植物的相關觀察。
5. 覺得自己觀察夠了的時候，請向植物傳達感謝其合作的感受，然後觀想你的能量與植物的能量分開，並退回到你的掌心。
6. 張開眼睛，用力甩一甩手，就像要把手甩乾一樣。這樣能幫助你擺脫任何殘留的多餘能量。
7. 將你的觀察寫進綠女巫日誌裡。

   你覺得這場體驗如何？當感覺到植物的能量時，你觀察到什麼？那株植物感覺起來是充滿能量、平靜、有養分的嗎？請寫下你感受到的一切，別擔心有沒有道理。

你對那株植物能量的觀察是有效的，因為那是你自己的觀察。每個人與植物能量互動的方式都不同。如果薰衣草能給你能量，那就是薰衣草的能量帶給你的修業的一項好處，儘管很多書會告訴你，薰衣草通常會散發平和、寧靜的感受。獲得第一手知識對綠女巫來說很重要，因為那些知識會形塑並精進你的修業，激發你的個人特性，讓你的綠巫術變得獨一無二。

接地氣

運用能量時，讓自己接地氣是很重要的。接地氣意味著將你的個人能量連上大地的能量，重新平衡。如果你很緊張或很興奮，體內流動的能量可能太多了。大地是引開那股額外能量的好地方。如果你昏昏欲睡或頭暈目眩，則可能是缺乏能量，那大地能分享一些豐富的能量給你。你一接上地氣，就能吸收大地的能量來補足你低迷的能量。接地氣的步驟如下：

1. 緩慢地深呼吸三次。
2. 接著，用心感受自己的能量流過身體。請專注在胸口的某一點上，觀想那裡有一道小小的綠光。那就是你的能量中心。
3. 現在，請觀想從那個能量中心朝大地伸出了綠能量的觸鬚。讓那股能量流下你的腳。觀想那股能量流進大地本身，深入根部，在土壤中穿梭。用心感受你的根堅實、穩定地扎進大地。

4. 你與大地形成連結之後，就可以讓自己多餘的能量往下流，混入大地的能量中，或是汲取大地的能量，讓一些能量往上流，取代你匱乏的能量。

清晨起床的第一刻、晚上就寢前的最後一刻、運用任何能量之前，都是接地氣的好時機。

另外，當你覺得自己有一點跟不上周圍世界的步調時，也可以隨時接地氣。

運用大自然的四大元素

四大物理元素構成了綠女巫對周圍世界的理解根基。這四種基本元素代表著大自然的原料，其能量之間的流動與互動，構成了環境與生命中的變化、轉換、成長、演化、發展的基礎。每種元素都有特定的能量，傳統上有以下的聯想：

- 土：地氣、富庶；容納而被動。
- 風：溝通、才智；投射而主動。
- 火：熱情、創意；投射而主動。
- 水：情感、感性；容納而被動。

這些傳統聯想是方便且實用的捷徑，但你對每種元素能量的觀感會影響你的個人修業，影響著你如何和世界互動。

四大元素感測練習

這項練習能協助你與每種元素建立個人關係。在開始之前，請先回顧前述感測能量的練習。

材料

◎ 你的綠女巫日誌和一枝原子筆或鉛筆
◎ 一小碟土（請注意：務必拿肥沃的土壤：如果你只有乾巴巴的盆栽土，請用一碟鹽、一顆石頭或一顆水晶來代替。）
◎ 手搖扇（或一張小紙卡）
◎ 許願蠟燭，放在燭臺上
◎ 火柴或打火機
◎ 一小碟水
◎ 小毛巾

做法

1. 一開始，請安靜地坐在桌前或地上，把上述用品擺在面前。深呼吸三次。呼氣時，請觀想你的身體不再有任何緊繃的地方。
2. 觀想你的指尖閃爍著個人能量。觀想大地的樣本（那一碟土壤或其他替代品）閃爍著大地的能量。
3. 輕輕伸出手，將指尖放在土壤（或鹽、石頭、水晶）上方。閉上眼睛，讓你的個人能量接觸土壤的能量。
4. 連接著土元素的能量時，請盡量觀察它給你什麼感受。

5. 完畢後，收回手指，必要的話就擦乾淨。甩甩手，以去除多餘的能量或異樣的感受。打開日誌寫下你所有的觀察。你有哪些關於土元素能量的觀察？那股能量給你什麼感受？又讓你想到什麼？
6. 一手拿著手搖扇或紙卡，另一手伸出來，手心向上。觀想你的手心閃耀著你的個人能量。閉上眼睛，開始緩緩搖起扇子或紙卡，製造吹向另一手掌心的氣流。請將氣流的活動看成閃爍著風的能量。讓氣流的能量接上手心的能量，觀察自己產生什麼感受。改變氣流的速度，觀察你的感受會不會因此不同。完畢後，請將扇子擺到一邊，甩甩手，去除多餘的能量或異樣感。在日誌中寫下你對風元素能量的觀察。
7. 點燃許願蠟燭。再次觀想你的手心閃爍著能量。觀想蠟燭的火苗閃爍著火的能量。伸手擺在與火保持安全且舒適的距離之處，讓自己的能量伸向火的能量。盡量觀察火的能量。結束時，請熄滅蠟燭，甩掉手上多餘的能量。在日誌中寫下你對火元素能量的觀察。
8. 把水碟拿到身邊。觀想你的指尖閃爍著個人能量，同時看著水散發出水元素的能量。指尖緩緩碰觸水面，讓你的個人能量接觸水的能量。盡量觀察水的能量有何特性。結束時，收回你的手指，以小毛巾擦乾，然後甩甩手，去除多餘的能量。在日誌中寫下你對水元素能量的觀察。

要獲得不同體驗，請試著找出每種元素能量的大型自然體現，並與其能量互動。

請與夏天的豔陽互動，來獲得火能量的不同體驗。站在大雨或暴雪中，或是站在激流旁，以獲得水能量的不同觀感。將腿和腳埋進沙裡，或是脫掉鞋子，用腳趾翻弄剛翻過的花園土壤，來與土元素互動。在多風的日子站在戶外，體驗風的威力。將你的體驗與觀察寫進綠女巫日誌裡。

若要讓自己與四大元素產生的基本能量保持契合，請一年至少做一次這項練習。要深入了解你所在地區的能量週期，請每季一次與四元素進行大型互動。這麼做可以協助你深入理解當地能量如何互動，其高低與存在如何隨著一年的循環而起落。

召喚四大元素

雖然四大元素隨時都在，但你可以選擇在修業中承認這些元素，正式邀請一或多種元素來協助你的綠女巫工作。這種正式的邀請通常稱為「召喚元素」。

召喚元素是有意識的舉動，將環境中的元素能量招引到你身邊。如果你想要某個元素的特定支援或能量來加入工作，可以召喚那個元素。

舉例來說，如果你想做花園香袋祈求花園豐收，那麼在製作香袋時，就可以召喚土元素到場，將其能量交織入香袋的能量中，以協助支援並加強其功效。

與其依照某個傳統方向安置你的元素象徵，不如創造你與地理區域之間更精確的連結。你家附近最大的水體是什麼？山脈在哪裡？哪裡有風可以長驅直入的平原？什麼地方的陽光似乎最亮又最熱？你也許可以重新布置元素與特定方向的連結。這也會影響你的個人修業。

許多綠女巫喜歡就近找每個元素的象徵來運作，這樣既是崇敬那些元素，也創造了一種平衡的工作氛圍。我們從第二章得知，傳統上每種元素都與某個基本方向有關。你可以引進一個地區缺乏的元素能量，來平衡其整體能量。收集所有元素的若干象徵，能維持這四大能量的平衡，也能為綠女巫提供元素能量的來源，讓她可以在那些來源賦予的力量中進行魔法。那些象徵可以很簡單，例如小蠟燭代表火、羽毛代表風（或以一根薰香同時代表火與風）、石頭或綠色植物代表土、一小杯水。你可以把這些象徵擺在適當的方位，或依你的喜好擺放。

你也可以在綠女巫工作區擺放這四大元素的象徵，正式召喚這四種元素到場。如果你選擇四大元素都召喚，工作時便能從這強而有力的能量池引能量來支援你達到魔法目標。

元素冥想

有時與其他綠女巫（或威卡教徒、其他新異教徒）腦力激盪一番，有助你創造一套新的聯想。放鬆下來，一次只思考一種元素，也能帶來讓你目不暇給的各種意象、思緒、個人聯想。如果你要進行元素冥想，別忘記把綠女巫日誌擺在身邊，隨時記下心中升起的想法與點子。

在你的綠女巫空間或另一個你熟悉而舒適的區域舒服地坐好。選擇一種元素，開始自由聯想。不過，請勿一次進行四種元素的聯想，請改天再進行另一種元素的聯想。

發掘並培養你的感官

雖然每個人都以不同的方式與周圍的世界接合，但都是透過五感來獲得資訊。

視覺

大多數人主要是視覺動物。在每種社交情境中，我們從其他人身上獲得線索，觀察他們的衣著、身體語言、外觀，從中得知自己要如何應對得宜。看見不同顏色也會給我們不同的刺激。以下的一些練習能協助你運用視覺：

- **坐在窗前，以窗戶為看事物的框架。**在這個框架中檢視萬物，想用多少時間就用多少時間來實際注視你眼前的事物。如果你喜歡，可以將窗戶分成四部分，一部分一部分地檢視其中的景物。請細看每樣事物的質地、顏色、光影。你平常可能只是匆匆掃視，走馬看花，但這時你要讓自己正視事物的細節。
- **注視一張蘋果的彩色相片，再看看真正的蘋果。**這兩者在你眼裡有什麼不同？有什麼共同點？

- **將一樣日常物品擺在你面前的桌上仔細審視**。然後把物品擺在高於正常眼睛高度的地方，仰視那樣物品。再把物品擺在地上，俯視那樣物品。接著把物品擺到左邊，再擺到右邊。挪動物品的位置，會改變你對它的看法嗎？

聽覺

聲音在我們的生活中無所不在。交通工具（車、飛機等）的聲音、電視與廣播的聲音、人群的聲響與對話，隨時隨地圍繞在我們身邊。我們的世界很少有全然寂靜的時候。

風在樹葉間穿梭、浪潮拍打海岸，都是在傳達非常特定的環境聲音，喚起特定的情緒反應。聽覺協助我們進一步了解視覺所顯露的知識。

如果有人剝奪了我們的聽覺，我們會不知所措，如果置身在太安靜的區域，確實也令人不自在。

以下的練習能協助你增進聽覺：

- **坐在家裡熟悉的角落，閉上眼睛**。覺察並刻意聆聽家裡的各種聲音。你聽見了什麼？你聽見了多少不同的聲音？那些聲音是從哪裡來的？你認得出它的來源嗎？（不要在就寢前做這項練習，不然你對細微聲音的留意，會導致你整夜都受到各種噪音煩擾。）
- **坐在商場或餐廳之類的公共空間，再做一次練習**。請朋友陪在身邊，你才能放鬆而不用擔心周遭的動靜。你聽到了哪些不同的聲音？你在公共場所中聽見的聲音，跟你在家裡聽見的聲音，有什麼不同？

- **請坐在室外進行這項練習。**室外的聲音會不會比較難辨認？那些聲音是從哪裡來的？你聽到的聲音比在室內聽到的聲音多還是少？

觸覺

孩子們每遇見一樣事物就想碰碰看。然而，我們長大成人後就會了解，一看到東西就拿起來把玩，在社交上是不妥的。此外，對個人空間的顧慮，也會迫使我們保持距離。觸感還可以細分，包含我們通常認為可以一併考慮的幾種感知：痛感、對溫度的體感、觸壓感、平衡與均衡感、身體知覺、場所感。

請試著用這些練習來探索你的觸感。可能的話，請閉著眼睛練習，才不會讓視覺影響你的觸感。

- **把一根羽毛、一小碗鹽、小碗或小玻璃杯中的一顆冰塊、一塊木頭、一條緞帶，擺在你面前的桌上，逐一探索每樣物品的觸感。**請盡量花時間探索每樣物品給你的感受。不要試著分析那些感受：只要觀察並接納，享受這些感官資訊就好。請拿起物品，以指尖、手心、手背撫摸。讓物品滑過你的前臂或臉頰。將物品拿在手裡，感受其重量與形狀。拿著物品不動的感受如何？拿著物品時動手摸看看，感受又是如何？
- **找一片陽光灑落的地方。**伸手探到陽光下感受其溫暖，再移回陰影處感受熱度的消失。
- **在你面前的桌上擺一碗溫水和一碗冷水**（請確定溫水不要太燙）。將一隻手的手指伸入溫水中一分鐘，再拿出來放進冷水中。溫度的對比感受起來如何？將手指從冷水拿出來一分鐘後再放回溫水中，這樣溫水給你的感受有何不同？

味覺

我們的味覺往往耽溺在過多的味道中。速食和罐頭食品降低了我們的味覺標準，情況嚴重到假使我們嚐到剛從土裡拔出來的蘿蔔，味蕾也會因為過度刺激而嚐不出其風味層次。

更常見的情況是，咬下新鮮蘋果時，那種強烈的氣味會令味蕾大吃一驚，因為我們的味蕾已經習慣了定期存放到冬春兩季才運售的乏味水果。從其他地區進口的水果往往經過多天的運送過程，喪失了其風味深度。我們已經習慣了那種貧乏、有如化學成分的味道。

要提醒你的味蕾，個別味道嚐起來如何，請做以下的練習：

- **清洗並擦乾你的雙手**。在桌上擺一小碗鹽、糖、迷迭香等香草（最好是新鮮的，但乾燥的也可以），一瓣橘子、一片檸檬、一杯水、一片白麵包。坐著用手指沾鹽巴，再碰碰你的舌頭。讓鹽的味道在舌尖擴散。味道如何？你可以用「鹹」以外的詞描述那種感受嗎？喝一口水、咬一小口麵包沖散那股味道，接著重複上述動作，拿糖來品嚐，再沖散那股味道。如此一直進行到其他食物，請慢慢品嚐，讓每種味道滲入你的味蕾。想像你是第一次品嚐每種食物。
- **下次用餐咬下第一口時，請重複上述練習步驟**。慢條斯理地品嚐盤子上的每樣食物，想像你是第一次嚐到這樣東西。這也是品嚐剛收穫的當地水果等季節美食的絕佳練習。例如，在當地生長、在草莓季摘下的草莓，有一種非常特別的香氣，是國內各地非當季的溫室草莓複製不來的。

嗅覺

我們經常低估嗅覺的能耐。嗅覺這種細膩的感官會捕捉氣流中的細微變化，但城市中的車流、塵土、廢物、香水、香味過重的肥皂、數千個人住在一起產生的沖天臭氣，往往淹沒了我們的嗅覺。然而，我們前往海邊、鄉村等另一個區域時，也會受不了那種氣味，但這只是因為我們聞不慣，或因為那些氣味沒有經過稀釋，也沒有其他氣味掩蓋的緣故。

請試著用下列練習來協助你進一步了解嗅覺：

- **坐在家裡熟悉的角落，閉上眼睛**。平穩地呼吸。吸氣時，請留意自己聞到了哪些氣味。你家裡瀰漫著哪種味道？你可以從這股氣味中進一步辨認出個別的味道來嗎？
- **在公共場所重複這項練習，請朋友陪在身邊，幫你留意周遭的動靜**。閉上眼睛時，你能單憑氣味辨認出這個地點嗎？你還辨認得出其中更細微的個別氣味嗎？
- **請在戶外重複這項練習**。要辨認戶外的氣味是比較簡單，還是比較困難呢？

第六感

除了五種基本的身體感官之外，你還有一種方法可以收集資訊。也就是人們說的第六感。你的第六感告訴你有人在背後盯著你；雖然你無法用五種身體感官中的任一種來確定這一點，但是你感覺得到。

綠女巫知道也了解她並不總是能解釋這種感受。她也承認第六感的存在，接受來自第六感的資訊。人們對第六感的運作有各種解釋。有人說是因為你的個人能量場（有時也稱作氣場）收到了其他事物和穿梭在其中的資訊的能量場。

居住在都市環境中的人，很容易對其日常環境的聲光氣味變得遲鈍。然而，綠女巫絕對不能讓自己變得遲鈍，因為這意味著她捕捉不到能量的細微變化，而這些變化可能是問題出現的信號。「親近生侮慢」這句老話也是有點道理的。培養你的第六感可以協助你避免落入遲鈍的陷阱，因為你有了獲得資訊的另一種方法。

Chapter 4

展現四季的力量

意識到春分、夏至、秋分、冬至的大自然節奏，以及它們如何反映在綠女巫自身的地理區域中，是她的修業軸心。太陽年是由四個截然不同的季節構成，每個季節都能與綠女巫產生共鳴。四季能提供個人修業的基礎，讓你從中創造出身為綠女巫的個人獨特傳統。

四季也讓你能正式體認到季節能量的流動，並予以崇敬。請在每季的第一天或前後，抽空對你從環境中感受到的能量變化進行冥想。請冥想各季節代表生命週期的哪個部分。本章將提供你在春分、夏至、秋分、冬至進行冥想的建議。這些建議都是依各季節的傳統象徵聯想而提出的。

感受季節能量的起伏、漲落、不同的「風味」是很重要的。這是自我與大自然和諧共處的關鍵。大自然是有節奏的；你也是有節奏的。和諧共處意味著讓自身節奏契合你所在環境的節奏，這樣你與大自然的互動便能發揮最大效用，你便能與大自然更清楚地溝通。請觀察並定期記下你所居住地區的天氣節奏。天氣對你的環境和個人能量都有莫大的影響。

季節週期與能量

無論你住在哪裡，那個地區的天氣會在整個陽曆年中形成可以辨認的週期模式。植物會形成生長與凋零的整年模式。動物群也會產生某些行為模式。隨著地球對太陽的角度與距離改變，季節週期體現了光與暗的基本關係。黑暗的概念在大自然週期中是必要的：若沒有黑暗，就沒有休耕期，大地將無從恢復精力，種子也無法發芽，動物亦無法在適當的季節養育幼獸。

我們觀察四季時，可以為整個陽曆年當中的氣候變化與環境反應歸類。例如，看見發生在自然界的某個事件時，我們可以說：「啊，春天來了。」而那個季節事件對你的鄰居、下一個時區的居民、置身於另一個半球或赤道以南的人來說，可能是不同的。我們對季節事件都有自己的聯想，讓我們體悟到那是一年當中的某個時節。這些聯想就是我們與身邊自然界產生個人連結的一部分。

四季是在特定的日子、特定的時節揭幕。氣候變化是因地球繞日軌道而形成的。地球繞太陽運轉時，暴露在陽光下的地表也受到太陽或多或少的影響。這是地球軸心的偏離角度所造成的。陽光的多寡會引發動植物的行為反應，人類也不例外。

在古代文化中，季節往往是依地理區域的自然現象來命名，而且通常是透過對恆星與行星的運動，或是洪水氾濫、家畜移動等事件的觀察來計算。今日在某些地區，季節是依溫度分類（熱季、冷季），或是依氣象事件來分類（雨季、乾季）。

在北美，雖然四季是由太陽與地球的天文位置所決定，但在氣象學上，三月二十一日、六月二十一日、九月二十一日、十二月二十一日，大概就標示著春、夏、秋、冬的開始。如果你覺得自己所居住的地區，在這幾個月中有哪個不同的日子更有季節意義，更符合那個環境展現的季節變化，何不就以那些日子為準？

若要過綠女巫的生活，一個要點就是與你的周圍環境和諧相處。如果只因為那是標準說法而採用那個日期，那未必總是慶祝季節變換最恰當的日子。如果在你所在的地區，依植物界、動物界及自身靈魂的反映，春天還不到三月二十一日就來臨，或過了三月二十一日才來臨，那麼無論如何請另選一個日子來慶祝春天的到來。春天也不必在每年的同一天到來。比方說，某年你也許覺得春天是在四月二日到來，隔年你卻覺得三月十二日就來了。請相信你的直覺，那是你對流動於所在場所的能量做出的回應。

在綠女巫務實的生活中，四季提供了她深入了解大自然，並與之和諧相處的實際機會與靈性機會。四季的開始是你停下來評估人生的特定時節，不僅有利於靈性評估，對實際目標也很有幫助，例如剪短花園中的殘株敗草、修剪樹木、做最後的採收、洗窗戶、清理車庫、大掃除等。

真正的季節感受，可能會比日曆顯示的日期更早或晚到來。身為綠女巫的你，可以自行觀察、相信，選擇在你覺得季節真的到來的時刻慶祝。請記住，在個人的修業之路上，關鍵是形成自己與當年能量流之間的連結，那股能量流是受你所居住地區的天氣與氣候影響。如果你是住在赤道以南的地區，請記得春分、夏至、秋分、冬至的日子是顛倒過來的，請為每個日子進行適切的冥想。

一年的潮汐變化

季節性的潮汐，呼應著綠女巫內在生命的自然週期。

1. 春分到夏至：升潮
2. 夏至到秋分：收潮
3. 秋分到冬至：休潮
4. 冬至到春分：淨潮

這四種潮汐可以看成是你的四個人生階段。你的人際關係、生涯、在成長期間學到什麼，反映著你生命的週期性。你可以把這想成是一種螺旋。季節潮汐的能量，給予綠女巫明心見性的機會，讓她能從小處見大，從細微處看見自然的無所不在。

慶讚春分、夏至、秋分、冬至

在你的個人修業中，與其參照書籍找出何時是秋分，得知秋分與結束及收穫的關聯並據此慶賀，更好的做法是觀察你對全年的感受，將個人設定的節慶建立在你的觀察上。如果把秋天想成是開始而非結束呢？雖然照古老的聯想來慶讚季節是正面的，在其中可以培養你和先祖、大地之間的統一感，但如果沒有配合你所在地理區域的能量，效果可能不如預期。綠女巫總是試圖與各種能量和諧相處並表示崇敬。

在綠魔法中，凡事要親力親為，要呵護並培養我們與周圍自然界之間的關係。綠女巫自己製作工具，栽培並採收自己的香草。透過直接與大自然的季節變遷互動，你擴大了自己的修行規模。透過了解一整年的能量起落，你也更能深入了解生命本身是如何交織、展開，再重新交織成生活網絡的。

那麼，你要如何慶讚至日點或平分日點？這沒有所謂對或錯的方法。沒有哪種傳統是你必須遵循的正式傳統，沒有哪種儀式是你非進行不可的。每位綠女巫都要創造出自己的傳統、自己表達季節及其變換的方法。那種獨一無二的表達方式，會反映出季節如何影響她的身心靈。

慶讚春分、夏至、秋分、冬至最基本的方法，是讓自己與身邊的自然環境互動。請在戶外度過一天，在住家附近走動，觀察事物如何改變。你喜歡的話，也可以在室內進行禮讚。請收集季節性的綠色植物裝飾居家環境。有些綠女巫相信應該把大自然的恩澤留在戶外，在它所在的地方讚賞其存在，而不是為了區區的裝飾目的而採下，其他綠女巫則贊成無時不懷著和諧、負責、合理使用的心意，在堪折時折下花朵和綠枝。

在每個季節冥想

在每次季節轉換時冥想，是體驗自然界能量最直接的方法，你可以追蹤自己對整年能量起落的反應。請以下列的季節冥想大綱當作你冥想的基礎，其中也包含因應四季的適當變化（見以下描述四季的小節）。持續進行一貫的冥想，僅做小幅更動，能讓你更容易察覺到每次冥想的細微差異，如果你每次都依不同順序冥想，可能就察覺不到那種差異了。

季節冥想的基礎架構

理想的情況是在戶外進行冥想：在你的花園、公園裡僻靜安全的地點，甚至在你家陽臺或露臺也可以。如果你能到森林或原野，這也是邂逅春天的能量並與之協調的理想場所。如果你選擇在公眾場所冥想，請務必待在你覺得足夠舒適、安全的地方，才能自由冥想。如果你擔心受人干擾，請到別處或在家裡進行冥想。

1. 請舒適地安頓好，閉上眼睛。觀想地面升起一片綠色薄霧，你身邊的所有植物也發出光輝。
2. 緩慢地深呼吸三次。每次吸氣時，都觀想那片翠綠色的能量霧流進你的肺部，布滿全身，帶給你舒適、放鬆的感受，你會覺得與周圍環境融為一體。呼氣時，請將所有緊張、壓力、憂慮釋放一空。
3. 讓自己的個人能量略為延伸，才能和身邊大自然的綠色能量融合。將你的覺知往下移進土壤，緩慢而輕柔地深入土中。不要催促你的能量，而是讓能量下沉、滲入大地的分子中。等你覺得自在時，就停下來感受身邊土壤的能量正呵護、包圍著你。
4. 這時，進行合乎時令的季節觀想。
5. 你覺得應該回到正常意識的時候，請給予包圍你的覺知的土壤一點感恩以做為小禮（畢竟情緒就是能量），然後讓覺知從土壤中緩慢上升，回到你的肉身裡。像這樣置身在大地中一段時間後，你可能會覺得無比輕鬆，自然而然就會放慢動作。請務必慢慢來，等你的覺知完全回到體內。不要一下子突然收回，否則你會暈頭轉向，個人能量也會失衡。

6. 你的覺知一回到體內，請接地氣（見第三章）並深呼吸三次。
7. 張開眼睛，輕輕動一動手腳來暖身，以回復原本的身體狀態。慢慢站起來，輕輕伸幾次懶腰，放鬆你的肌肉。

在綠女巫日誌中寫下你的體驗摘要。在這個季節與大地互動的感覺如何？這次互動給了你什麼新的體會？你對自己置身其中的地區有什麼新認識？你從這場體驗中獲得了哪些洞見？寫下你的想法與問題、任何可能的心象，還有油然而生的領悟。記下本季開始時你有何感受、你選定的這個地區的能量給你哪些感受。也請記得寫下天氣。在未來幾年中，你可以持續在綠女巫日誌中記下你是在什麼時候開始慶讚季節到來。比較你現今的感受和前幾年的感受。有哪些相同的地方？有哪些不同的地方？

春分

季節的流轉是永不止息的循環。雖然我們無法確切指出季節週期從哪一點開始，但往往會將春天看成是第一個季節。我們會這麼看，是因為古早的年曆都是以春天為一年的開始。傳統上也會將春天與新開始、播種、童年、青春連結在一起。春天是充滿潛能的時節、計畫與種植的時節、許願未來能獲得什麼的時節。

春分就好比一天的破曉時分。新的天光出現，以柔和的光線拂照地景，生命充滿了神奇的可能性，只待你去實現。

春分發生在冬至以來晝夜首次變得一樣長的時候。從這天以後，太陽在天空中的時間會逐日多幾分鐘，夜晚則會緩慢縮短。

春季冥想

在春分當天或前後進行冥想。如果正式的春分日對你不適用，請在一年中你身邊的自然環境出現許多新事物的那幾天進行冥想。

開始依前述的季節冥想架構進行冥想。

你一抵達大地深處的舒適地點，就吸入那股能量，感受那股能量充滿你的體內。請去感受春分這個時節的土壤能量，感受在大地中搏動的潛能。

伸手感受根與種子首次的活動，它們此時正安安穩穩地蜷曲著吸收土壤的能量，以滋養自身的生命力，在睡夢中生長茁壯。請感受這些根與種子如何緩慢甦醒，思考其中蘊含的潛能和即將展現的蓬勃生命。

持續待在土壤能量的懷抱中，要待多久都可以，享受那股潛能給你的感受和生命的初次搏動。

依前述的季節冥想架構結束冥想。

夏至

夏至或仲夏是太陽高度最高的時刻。在這天，太陽待在地平面以上的時數最多。傳統上認為這一天與伸枝展葉、豐沛能量有關。

夏至標示著夏天的開始，在今日繁忙的世界中，我們通常會懷舊地把這段時期與玩耍、放鬆和暑假聯想在一起。反過來，這個日子也與辛勤工作有關，因為在農務週期中，這是農忙時節。作物繼續快速成熟，活力旺盛，很容易就長過頭。

夏季冥想

在夏至當天或前後進行冥想，或是在你感覺夏天已來到你所在地區時進行冥想。

如果行不通，請試試另選一天，在一年中萬物正處於生長與伸展期的時候進行冥想。

開始依前述的季節冥想架構進行冥想。

你一抵達大地深處的舒適地點，就吸入那股能量，感覺那股能量充滿你的體內。

請感受夏至這個時節的土壤能量，感受在大地中搏動的滋養與成長能量。感受那種伸展，那種流過根莖的生命搏動。探索礦物、養分、水和肥沃的已分解植物質，如何形成互動體系，滋養著植物生命的新生代。感受活力、生命、伸展與增生、抽長並破土的感覺，感受熱烈而喜悅的創造之流穿過土地的脈動。

持續待在土壤能量的懷抱中，要待多久都可以，享受那種活力和身邊的豐沛生命給你的感受。
依前述的季節冥想架構結束冥想。

秋分

和春分一樣，秋分這一天白晝與黑夜是等長的。從秋分以後，日光照射的時間就緩慢減少，夜晚的時間則愈來愈長。

傳統上將秋天與收穫、感謝大地恩賜連結在一起，人們早在植物開始生長之前就在照料大地了。秋天也包含了犧牲、失去、略有遺憾等主題，因為珍貴的夏日已經過去，冬天就要來了。秋天是權衡輕重的時節。哪些東西一定要留下？哪些東西可以在週期進入匱乏期的時候捨棄？

秋季冥想

在秋分當天或前後進行冥想，或是你感覺秋天已來到你所在地區的時候進行冥想。如果行不通，試試另選一天，在一年中萬物正處於結果和收穫期、接近其生命週期末尾的時候冥想。
開始依前述的季節冥想架構進行冥想。
你一抵達大地深處的舒適地點，就吸入那股能量，感覺那股能量充滿你的體內。

請感受秋分這個時節的土壤能量，感受在大地中搏動的長成與滿足的能量。伸手感受那種完滿，那種流過根莖的成就感。生產果實與種子的週期即將在地表落幕之際，請探索瀰漫在土壤各處和植物根部的能量，其柔和、緩慢的運動。

透過土地的脈動，感受滿足、生命、愉悅與如意、感謝與奉獻的感覺。

持續待在土壤能量的懷抱中，要待多久都可以，享受圍繞著你的那種豐沛、安詳的感受。

依前述的季節冥想架構結束冥想。

冬至

冬至是一年中白晝最短的一天，太陽的高度在全年的這個時候最低。雖然夜晚的時數超過白晝的時數，但從這天開始，太陽就會慢慢重拾其失去的時間。

傳統上將生命週期中的冬季與表面的死亡連結在一起，而死亡是讓與春季有關的再生出現的要件。沒有死亡，就沒有新生命。

冬季冥想

在冬至當天或前後進行冥想，或是你感覺冬天已來到你所在地區

的時候進行冥想。如果行不通，請試著另選一天，在一年中萬物達到休息、出現表面的死亡或動作中止的時刻進行冥想。

開始依前述的季節冥想架構進行冥想。

你一抵達大地深處的舒適地點，就吸入那股能量，感覺那股能量充滿你的體內。

請感受冬至這個時節的土壤能量，感受瀰漫在大地中的安寧、靜止的能量。伸手感受那種黑暗，那種流過根莖的和緩感。請在上方的世界沉睡時，探索瀰漫在土壤各處和植物根部的能量，及其幾乎難以察覺的運動。感受放鬆、潛伏、睡夢的感覺，還有也許會穿過土地的點滴氣息。

持續待在土壤能量的懷抱中，要待多久都可以，享受圍繞著你的那種溫暖、沉睡的感受。

依前述的季節冥想架構結束冥想。

施行季節儀式

冥想是與季節能量互動的一種方法。儀式則是另一種方法。由於綠魔法不是有特定形式的修行，要不要運用新異教盛行的做法，劃一個儀式陣來隔開儀式場地與世俗世界，全看綠女巫的喜好而定。

在玄秘傳統中，儀式陣代表保護，讓你的工作不受負力干擾。然而，在綠女巫的修業中，我們不需要保護，因為萬物皆是大自然的一部分。那些選擇使用儀式陣的人，反而是為了劃出一個方便工作的純粹區域、專門用來進行儀式的神聖之地。如果你選擇以這種方式來劃定儀式區域，可以帶著做記號的意念步行來定出這個區域的範圍就好。不需要再進行某種形式的動作、觀想或誦念。

將創造性能量迎進生命的春分蛋儀式

這項儀式的目的是聚集春天最豐沛、肥沃的一些大自然能量，導入你的生命區域，讓你能運用若干有生產性、創造性的能量。

這個法術是要向青春少女及年輕的太陽請願，希望他們給你祝福與能量；我在這個儀式中刻意運用象徵圖樣，以便你自由觀想。

由於綠魔法並不敬拜任何特定神祇，你可以視需要並依自己選擇的宗教，自行召喚神明的能量。如果在這個和其他儀式中，你希望向定期敬拜的神明祈願，那麼請逕行換成那個神明或女神。

在開始施法前，請依個人的色彩聯想為一顆生蛋上色。舉例來說，如果你需要能量的生活領域與職涯有關，你可以把蛋塗上褐色或橘色；如果與愛情有關，也許可以塗成紅色或粉紅色。

在家裡的聖壇施行這項儀式，或在你選定的任何一個地方進行。

你需要以下物品：

◎ 火柴或打火機
◎ 一根淡綠色小蠟燭
◎ 一顆生蛋，依你的喜好塗色

◎ 筆
◎ 一小張羊皮紙
◎ 隔熱的碟子

接著，進行下列的步驟：

1. 依你喜歡的方式設立神聖空間。
2. 點燃蠟燭，用雙手握著蛋。請說：
   青春少女、光與生命，年輕的太陽神，旺盛而喜悅：請祝福這顆蛋，將春天的力量、生命的力量、豐沛而富創造性能量的力量，灌注其中。願我的生命充滿能量！
3. 把蛋擺在蠟燭旁邊。
4. 在羊皮紙上，寫出你希望在哪個生活情境或生活領域中導入春天的創造性能量。寫好之後，以雙手拿著紙，依你的需要賦予其力量。
5. 拿紙的一角小心接近蠟燭並點燃。接著，將紙丟進隔熱的碟子裡，等紙完全被燒成灰。
6. 等到蠟燭完全燒盡。讓蛋一直擺在蠟燭旁邊。
7. 燭火完全熄滅後，把蛋和裝著灰的碟子拿到戶外，挖一個地洞。把蛋放進地洞，再將紙灰撒在蛋上。心懷敬意地仔細埋好。蛋與大地的能量會開始緩慢地滲入你希望灌注能量的生活情境。

夏季的花園祝福儀式

製作花環是結合玩樂、工作和創意的絕佳方式。請在夏季施行這項儀式，因為我們要利用其豐沛而旺盛的伸展和生長能量，來祝福你的花園。

開始前，請先在花園中選定一個地方獻供品。從你的花園或野外收集樹葉和花朵來使用（採集時，請記得謹守分際）；不要從花店購買。如果你希望，可以用手取代棍或杖來施行儀式。你需要以下物品：

◎ 杖或棍
◎ 叉杖（分叉的長棍或棒；見第二章。）
◎ 十二朵花（自行選擇；野花、野草也很好，但請務必選用莖長四英寸／十公分以上的花草，不要選用葉子有毒的植物。）
◎ 十二片葉子（自行選擇；愈大愈好，柄要結實一些。）
◎ 小刀或剪刀（可不用）
◎ 壺、碗、杯，或是裝滿水的水罐

接著，進行下列步驟：

1. 手裡拿著杖或棍，繞行或穿越你的花園。把杖或棍拿在前面，使其底部接近地面。觀想生命能量從土壤中升起，進入植物的根部，滋養植物的莖、葉、花、果實。

2. 再次拿著杖或棍繞行或穿越花園，但這次將杖或棍拿高，讓尖端深入空中。觀想太陽和雨的能量從上而下給植物養分。
3. 第三次繞行或穿越花園，這也是最後一次，這次請以水平方向拿著杖或棍。觀想每一株正在生長的植物伸枝展葉，聯合附近的其他植物，形成花園的整體。
4. 把杖或棍放在你預定獻供品的地方。拿起叉杖，將未分叉的那一端扎實插入土裡，讓分叉的那一端穩定立好。
5. 或坐或跪在叉杖前，拿起一朵花。摘掉花莖上的所有葉子或小綠枝，修整成六英寸（約十五公分）左右的長度。用指甲（也可以用小刀或剪刀）在花瓣底部下方大約一至二英寸（約三至五公分）左右的花莖上，劃出一條縱向的切口。切口不要太長，約〇・五英寸（約一・二公分）應該就夠了。其他十一朵花也依樣處理。
6. 拿住第一朵花的花瓣下緣。再拿起第二朵花，將花莖末端小心插入第一朵花的切口。慢慢將第二朵花的花莖拉過切口，直到第二朵花的切口處通過第一朵花的切口。
7. 拿起第三朵花，讓花莖穿過第二朵花的切口。重複這個動作，直到十二朵花組成一個花環。
8. 將花環輕輕掛在叉杖上，並使其兩端各掛在一邊的叉枝上，中央略成囊狀。如果花環不夠長，只要掛在叉上就好了。
9. 在每片葉子的葉柄上劃出小切口。
10. 拿一片葉子在手裡。再拿起第二片葉子，將其葉柄慢慢插入第一片葉子的葉柄切口，直到其切口處完全通過第一片葉子的切口為止。其他葉片也比照辦理，直到你組成另一個環。

11. 將葉環輕輕掛在叉杖上，並使其兩端各掛在一邊的叉枝上，它才能沿著花環垂下。如果葉環不夠長，只要掛在叉上或輕輕捲在花環上就好了。

12. 雙手擺在花環與葉環上，念出下列的文字：

    風的力量，大地的力量，
    太陽的力量，雨的力量，
    在樹木與花葉旁，
    我以手與心，
    祝福這座花園生命與愛。

13. 拿著水壺或水碗穿越花園，沿路輕輕在各處灑幾滴水。最後要留下一點水。

    回到叉杖旁，將最後的水倒進其插入土中的根部，同時念出下列文字：

    我感謝大地的恩澤、大地的保護、大地的支持。福佑大地及其上的萬物。

14. 如果你喜歡，可以坐在叉杖旁冥想一會兒，或是享受待在花園的時光。你也可以除草、整地，去除一些多餘的植物，或做其他必要的園藝工作。把兩個環留在叉杖上至少一天（或看你覺得要留多久就留多久）。花葉枯萎時請拿掉，但不要直接丟掉，請放進你的堆肥裡。

秋分收穫儀式

這項儀式是在崇敬大地的產物與恩澤，讓你能藉由收穫的基本動作來參與季節的能量。

你可以從自己的花園採收花草或到野外採收植物。如果你有很多東西要採收，請選擇要為儀式採收的第一樣或最後一樣物品是什麼。你要使用哪些採收工具，則視你採收什麼而定。你需要的物品是：

◎ 銳利的小刀、修枝剪、小剪刀或大剪刀
◎ 一小瓶或一碗水

接著，進行下列的步驟：

1. 站在你的收成物旁，伸手感受植物的能量。念出下列的文字：
   我崇敬你，大地之子。
   我崇敬你的生長、你的花朵，還有如今的果實。
   我感激你的能量，
   請接受我的祝福，大地之子。
   願採收你的果實的我，因收成而有福。
2. 拿著採收工具從植物上剪下果實。採收後，請感受植物的能量。對感受到的變化表示敬意。
3. 懷著感恩的心，將水倒在植物的根部。

冬至的冰之儀式

這項儀式是要以實際的方式提醒你，冬天一過，春天就不遠了。如果你是住在不下雪的地區，請在儀式開始前準備一些冰塊來使用。建議你使用金屬碗來盛裝，因為金屬碗最能反映出燭火，不過它容易變得非常冰冷，所以拿的時候要小心別凍傷手指。如果你居住的地方天寒地凍，請在室內進行儀式，否則冰雪無法融化，就失去儀式的重點了。

在你家聖壇或任何一個你覺得自在的地方施行這項儀式。你需要以下物品：

◎ 碗（最好是金屬碗）
◎ 小冰塊或從戶外取得的冰雪塊（一杯左右）
◎ 蠟燭（紅、橘或黃色），放在燭臺上
◎ 火柴或打火機

接著，進行下列的步驟：

1. 將雪或冰塊放進碗裡，或坐或跪在旁邊。點燃蠟燭後，將之放在碗的後方，這樣你才看得見火焰在冰或雪上跳動的倒影。
2. 念出下列的文字：
   季節轉換之時，太陽普照，
   我為陽光重返大地歡呼。

黑暗褪去，光明再次流淌，
大地將一日比一日更溫暖。
再次歡迎，明亮的豔陽！
願你的光芒拂照大地，化冰為水，
化雪為雨，化寒為暖，
讓冬天再度轉化為春季。

3. 等雪或冰融化成水。看著碗裡水中的燭火倒影，想著太陽的溫暖。感受雪融化時的能量，以及火焰散發光與熱的能量。觀察兩者之間的交流。
4. 結束時，請將水倒在戶外的一棵樹下。

Part 2

走上綠魔法之路

Chapter 5

生活與地球同步

綠女巫的資訊、智慧、力量，是源自大自然與自然系統的不同層面，也就是天上的日月、植物界、礦物界等。在個人靈性修業中善用大自然的恩澤，能讓她從經驗中獲得知識與洞見。本章將討論綠女巫要如何運用大自然的各種元素，包括日月、石頭、花草。

綠女巫藉由與大自然本身的互動，完整接受其教誨的好處。閱讀大自然的相關書籍、觀看電視紀錄片、聆聽演講，可能都是獲得知識的理想方式，但是，大自然的第一手經驗永遠才是最佳導師。然而，天下沒有白吃的午餐。每次你都必須交換能量。

你要拿什麼來交換大自然的智慧？你對綠魔法的奉獻，你也必須願意治療大地及其造物（包含人類），恢復大地與萬物之間的和諧，同時將你的知識傳授給他人。

日月星辰

自古以來，人們就會向日月星辰尋求力量與協助。威卡是現代大自然崇拜中最盛行的一種形式，這種信仰非常重視與月相及月能量合作。綠女巫深知她可以依月相播種，讓種子在黑暗中萌芽、接受養分，但植物的生長茁壯也要歸功於太陽的溫暖與能量。

太陽讓生命得以在這顆星球上茁壯。太陽提供光與熱，從根本中的根本滋養著你。你的生命仰賴著太陽。

然而，我們往往視這一點為理所當然，或只在提到天氣時才想起太陽的存在。事實上，即使身邊沒有任何一片綠地，住在都市環境中的綠女巫仍永遠接觸得到太陽。

在西方秘教傳統中，太陽通常與力量、成功、繁榮、健康、喜悅、家庭、創造力、生長、伸展有關。日能量會隨著一天中的時間而改變。例如，清晨的日能量和正午的日能量不同，也和向晚的日能量不同。日出與日落時散發的能量截然不同。

一般來說，太陽的四個關鍵日點（日出、正午、日落、午夜）契合著四季的四個可見的生命階段：出生、成熟、衰老、死亡。不過，請不要讓這一點阻止你與太陽進行全天候的合作。你還有其他因素可以考量，你的個人直覺也比傳統聯想更貼近你的工作需要。如果你有意運用日落時分的日能量來啟動一項新計畫，請勇敢去做！

日能量也受太陽在地球軌道上的位置所影響。地球移動時，十二個不同星座也跟著越過你的頭頂，看起來就像太陽在其中穿梭。人們說太陽「進入」某個星座時，是指該星座在那個特定時間的位置最高。例如，太陽在夏至時分進入巨蟹座。當然，這些星座也構成了我們的黃道十二宮，這是一種以日月星辰的位置來判定隱藏訊息及影響的預測法。當太陽「進入」某個星座，人們便說那個星座的相關能量為基本的日能量帶來了略微不同的影響。

黃道帶能量特性：

- **白羊座**：行動、新開始
- **金牛座**：表明、物質事物、肉體舒適
- **雙子座**：溝通、知性工作
- **巨蟹座**：家庭、滋養、居家
- **獅子座**：成功、奢華、領導力
- **處女座**：務實、組織
- **天秤座**：社會、人群
- **天蠍座**：熱情、正義
- **射手座**：學習、探索
- **魔羯座**：事業、根基
- **水瓶座**：發明、創新
- **雙魚座**：靈性、玄思

一年中不同時節的星辰影響，為日能量增添了些許不同的風味。每段黃道星座都持續三十天左右，太陽在每個月的第二十一天左右移到下一個星座。

占星學將這些星座貼切地稱為太陽星座（月亮似乎也會通過這些星座，在每個星座停留一天半左右，而月能量同樣也受到星能量影響。在這種情況下，這些星座就稱為月亮星座）。

會見太陽

體驗日能量最基本的方法就是走出戶外，或站或坐在太陽下。不過要小心，切莫直視太陽，也務必穿著防曬的衣服和擦防曬係數夠高的防曬油，以免曬傷。

◎ 要接收日能量，請在陽光普照的地點舒適地安頓好自己，同時閉上眼睛。
◎ 觀想地面升起了一片綠色薄霧，你身邊的所有植物也同樣散發霧氣。
◎ 緩慢地深呼吸三次。每次吸氣時都觀想那片翠綠色的能量之霧流進你的肺部，布滿全身，帶給你舒適、放鬆的感受，讓你感覺與周圍環境融為一體。呼氣時，請將所有緊張、壓力、憂慮釋放一空。
◎ 敞開覺知接納陽光的暖意。只要接納就好，敞心迎接。吸收陽光給你的所有能量。你的身體感受如何？情緒感受如何？靈性感受如何？陽光中是否蘊含著給你的訊息？
◎ 用心與太陽及其能量交流，花再久時間都沒關係。結束時，請在最後深呼吸三次，然後睜開雙眼。請務必伸展一下，甩甩手、動動腳之後再起身，不要一躍而起。

在綠女巫日誌中寫下你的體驗摘要。接觸到日能量的感覺如何？這次的體驗給了你任何洞見嗎？

寫下你的所有想法和問題、任何可能的心象，還有任何油然而生的領悟。

要進一步理解日能量及其變化，以下的練習可以協助你探索日能量，並讓自己與日能量同步：

◎ 找一天在日出、正午、日落、午夜時分，停下手邊的事至少五分鐘，觀察你居住地區的能量有哪些運動，給你哪些感受。將你的觀察與體驗寫進綠女巫日誌，比較一天中的那幾個關鍵日點，能量有何不同。

◎ 找一天在每個關鍵日點進行冥想。敞心接納日能量，盡量讓自己去直接感受。要留心在這段期間的任何感受與想法。每次冥想結束後就在日誌裡做筆記。過一天之後，再來比較四次冥想結束後，你的感受或接收到的資訊有什麼不同。

◎ 找一天在每個關鍵日點進行相同的基本儀式。每次儀式結束後就寫下你的體驗與感受，隔天再比較四次儀式之間的異同。

◎ 若要深入探索，請在每季照上述方法操練一遍。日能量在一天的週期中如何變化？在一年的週期中又是如何變化？

月亮

人們通常將月亮與隱密、更玄秘的巫術實踐聯想在一起。月亮的奧秘在綠女巫的生活中有其地位，因為綠女巫深知日常生活本身就是一種神聖的奧秘。傳統上將月能量與女性力量、夢、靈力、奧秘與隱藏知識、旅行、孩童、靈性、神秘主義、海洋、轉變等連結在一起。

月相對農事來說很重要。過去的人們都是依月相來決定播種與收割的時間，如今（依個人而定）有時仍是如此。從科學上來說，這可能和月亮經證明會影響水和其他液體有關。植物是由大量水分構成，這暗示著植物的生命週期會受到月相的影響。

這些基本規則也適用於不同月相下的園藝。大體而言，應該在月亮漸圓的時期種植在地面上展現活力的植物，在月亮漸缺的時期種植在地面下展現活力的植物。

- **新月到上弦月**：種植一年生多葉植物與藥草
- **上弦月到滿月**：種植一年生開花植物、地上蔬果、攀緣植物
- **滿月到下弦月**：種植多年生植物、根莖類蔬菜、球莖
- **下弦月到晦月**：除草、整地、耕作、抵抗病蟲害

如果你留心月相，也可以據此判定在花園進行靈性與世俗活動的好時機。下列的月相也契合植物各階段的生命週期：

- **新月**：結籽
- **上弦月**：抽枝、發芽
- **月亮漸圓**：成長、開花
- **滿月**：結果
- **月亮漸缺**：收穫
- **晦月**：剪下枯死的植物，為新生做好準備

月亮似乎會和太陽一樣在各星座之間移動，據說月亮星座對你的園藝工作也有影響。有些星座比其他星座更有利於某些活動。

月亮似乎會在二十八天左右走完十二星座，而在每個星座中會待到一天半至三天。

- **種植**：月亮進入巨蟹座、天蠍座、雙魚座
- **採收**：月亮進入白羊座、雙子座、獅子座
- **耕作**：月亮進入處女座、射手座、魔羯座

任何一位有興趣了解植物界如何回應月運週期的綠女巫，手邊都應該要有一本農民曆。

會見月亮

要探索月能量，請進行與會見太陽相同的練習，但改在夜裡做。記下你的體驗。練習時請試著以下列的變化進一步探索月能量，促使自己與月亮同步。

在月運週期的四段時期，也就是漸圓期、滿月、漸缺期、晦月各選一天，在夜裡同一個時辰進行這項練習。將你的感受與體驗記入日誌。

月能量在一個月運週期中如何變化？

在農曆一年共十三個月的每個滿月夜裡，進行同樣的練習。月能量在季節變換時有何變化？

運用綠能量

綠女巫之路有很大一部分是在運用植物與樹木中的大自然能量，來達到某個目標，不論是醫療還是魔法目標。走上大自然魔法相關之路的人，早已知道我們可以將這些能量融入日常生活，讓自己或他人的能量與身邊世界的能量流同步。

訓練自己運用這些能量，牽涉到的不僅是記住能量的一長串特性。一如既往，親身經驗是學習如何有效運用能量的最佳方法。在植物生長期與其互動，然後在採收後與其能量互動，能讓你充分理解這株植物的用途在哪裡、其能量最適合用在什麼地方。

把談論草本植物、開花植物、室內外植物、樹木等的書籍當成參考書和一般指南固然有用，但最終還是要以你閱讀到的能量和你的直覺，來判定如何善用自然界的能量（請注意我指的是植物的魔法用途，不是醫療用途。要熟悉如何運用草藥，你必須去上合格的藥草課程，也要找一本可靠的書來參考）。

首先，你必須找出一本有關居住地區的原生植物的好手冊。這本指南不需要談植物的魔法或醫療用途，只要能辨認植物與樹木就可以了。

在你開始探索植物之前，應該先了解採集野生植物的基本守則。採集野生植物是指從野外採集植物，而不是採收栽培的植物。為什麼要採集野生植物？因為有些植物沒辦法種在庭院裡，這些是種不來的植物。此外，今日的綠女巫很少有機會能種植每樣希望用到的花草、樹木、灌木。以下是採集野生植物的基本倫理守則：

- **不論是哪種植物，絕對不要全部採光。事實上，連採收一半都不**

要。一個好原則是，只有在那種植物生長得多而繁茂，而且你真的非常需要時，才採收眼前四分之一的量。寧可下次再來採新鮮的植物，也不要「以防萬一」而採集一大堆植物後曬乾使用。到最後你可能會丟棄了事。請不要浪費。

- **請記住，你很容易為了採集野生植物而闖入別人的土地**。請尋找標示，有疑問的話就問附近的人。
- **採集保育類植物是違法的**。請務必讓自己熟悉採集野生植物的當地法條，找出你所在地區有哪些保育類物種，協助保育工作。
- **任何時候都要三思而後行**。如果你要跋涉到別的地區採集野生植物，請先對你要前往的特定地區研究一番。認識該地的大道與小路，了解哪些是危險區域和安全區域。訂出旅程並嚴格執行。如果你要進入森林或人跡罕至的地方，請告訴別人你要去哪裡，給他們一份你的旅程表。帶著手機以備必要時求救。隨時留意時間。帶上指南針。穿著堅固耐走的鞋子和合宜的服裝。攜帶營養的零食和大量的水。

知道哪些植物是你居住地區的原生植物後，你就更懂得如何採集野生植物，也更能深入探索你與當地的大自然能量有何關聯了。

在以下幾節中，你會發現各種大自然能量的常見特性。我選擇將植物分為樹木、花卉、香草。本章末尾也會提及石頭，因為石頭也是大地的一部分。

請注意：雖然我偶爾會將傳統藥草知識當成額外資訊，但如果你有興趣將香草製成醫療或治療補充品，你必須參考可靠的醫學指南。約翰·拉斯特（John Lust）的《百草書》、克里斯多夫·霍伯斯（Christopher Hobbs）的《第一次使用草藥就上手》都是絕佳資源。

樹木的魔法

樹木是這個世界的棟樑，支撐著土地，似乎也頂住天空。樹木是綠女巫的修行骨幹。雖然我們常聚焦於草本植物，但也會運用樹木，通常是在需要質地更堅固或永久的材料時。綠女巫的長棍或杖竿就是木製的，魔杖這種比較傳統的女巫工具也是以木頭製作。粗枝和細枝是許多護身符的基礎材料，女巫也會橫切樹幹圓片並刻上象徵符號。樹木還有許多實際用途，例如支撐植物、形成天然籬笆。木頭也可以用來建造家屋和家具。

以下是綠女巫會用到的十六種樹木，加上一些相關的知識說明。這些樹種生長在北美各地區。使用到的部位包括樹皮、樹葉和裡面的木材。

樺樹（*Betula spp.*）

傳統的女巫掃帚是以樺木枝做成。就魔法來說，樺木與清掃、保護、淨化有關。樺木也與孩童有關，從前的搖籃通常是以樺木製作。

橡樹（*Quercus robur*）

橡樹是傳統木材，在民俗中有穩固的地位；在魔法上，橡樹與防禦、雷、精力、勇氣、療癒、長壽、保護、福氣有關。這種木頭非常強韌耐用，以堅不可摧聞名，也被用來建造家屋與船隻。橡樹皮可以用來鞣製皮革、做成染料。

橡樹的果實即橡實，是一種豐饒的象徵。德魯伊人（druid）認為長在橡樹上的槲寄生特別有效力，在他們的魔法工作中很重要。

楓樹（*Acer spp.*）

楓樹是另一種很受細工和工匠歡迎的樹木，也是染料和楓糖的來源。在魔法上，楓樹用來進行與愛、繁榮、生命與健康、富庶有關的用途。

松樹（*Pinus spp.*）

松木通常被用在建築工程中，是北美最常見的樹種之一。松脂可以用來做松節油和肥皂，還有生產松香。魔法寶石中最受珍愛的琥珀，就是石化的松脂。松油是松樹的另一個產物，通常都會加在居家清潔品裡，證明了其香味與淨化感有關。在魔法上，松木是用在清潔與淨化、療癒、明心、繁榮、避邪等目的。

柏樹（北美香柏／*Thuja occidentalis*、北美黃檜／*Cupressus nootkatensis*、維吉尼亞雪松／*Juniperus virginiana*）

柏木也是多數文化認可為具有魔法而強大的珍貴木材，在各個時代都以具有保護性、驅蟲能力而聞名。散發香味的柏樹也經常被用作供品。北美黃檜略呈圓錐形，通常被當成樹籬使用。

維吉尼亞雪松也是生長於北美的柏樹。

魔法上，柏樹與療癒、靈性、淨化、保護、繁榮、和諧有關。

花楸（*Pyrus aucuparia*、*Sorbus aucuparia*）

花楸又稱山槐、角樹、鵝耳櫪、女巫木、山梣樹（不過，技術上來說，它不是真正的梣樹，會有此稱呼只是因為它的葉片外觀與梣樹非常相似）。

花楸果可以用來釀酒，樹皮可以製革和做成染料。

奇妙的是，據說花楸如果不是女巫和精靈的最愛，就是他們的最恨。花楸的魔法聯想包括促進靈力、占卜、療癒、避邪、平和、創造力、成功、改變與轉化。

白楊木（*Populus spp.*）

白楊木也稱作山楊，其魔法聯想包括繁榮、溝通、驅邪、淨化。

梣樹（*Fraxinus excelsior*）

有些歐洲文化將梣樹當成世界樹的樹種之一。魔法上，梣樹與水、精力、知性、意志力、保護、正義、平衡與和諧、技巧、旅行、天氣、智慧有關。

柳樹（*Salix alba*）

白柳又稱為垂柳，有靈活的細長枝條，可以編成我們所知的柳條編製品。自古以來，人們就認為白柳與月亮有關，而且親水性強，通常都生長在水邊。

在民俗中，柳樹與女神及女性週期有關。由於剪下柳枝後，其傷口復原的能力又快又好，所以人們認為柳樹與成長及新生有關。柳樹的魔法聯想包括愛、寧靜、和諧、保護、療癒。

金縷梅（*Hamamelis virginiana*）

金縷梅又稱作爆子棒，因為它的果莢會自動裂開。長久以來，它都被當成治療瘀腫的藥膏。金縷梅精華也有止血特性。其魔法聯想包括保護、療癒、平和。

忍冬（*Lonicera caprifolium*、*Lonicera periclymenum*）

忍冬又稱為歐洲忍冬或籬笆樹，有邊緣或過渡狀態的相關特性。忍冬花的香味在夜裡最濃郁。其魔法聯想包括靈性覺醒、和諧、療癒、繁榮、幸福。

蘋果樹（*Pyrus malus*）

蘋果樹在北半球各地皆有生長，因其隨處可見和豐饒多產的特性，容易讓人把蘋果與生命、長壽、豐收聯想在一起。蘋果可以用來烹飪、烘焙、釀酒。民俗說法則認為蘋果與來生、精靈、創造力、冥界有關。蘋果與蘋果樹的魔法聯想是愛、療癒、和諧、長壽。

接骨木（*Sambucus canadensis*、*Sambucus nigra*）

接骨木又稱巫木，據說如果沒有先請示過樹木三遍就採集它的任何果葉，會厄運臨頭。民間將接骨木與女神的老朽面及女巫聯想在一起，因此很少用它來製作家具或當成柴薪，唯恐招致報應。

在醫療方面，接骨木樹皮有利尿、通便、催吐功能。接骨木果可當成瀉藥、利尿劑使用，也有利排汗，接骨木葉則是外用潤膚劑，可緩解皮膚敏感、扭傷、瘀青。

將接骨木花放入茶中，能促使身體出汗，有助於克服傷風或病恙，舒緩胸部或鼻竇充血。接骨木花水能十分有效地舒緩皮膚的局部敏感，包括曬傷、粉刺等毛病，還可以做為洗眼劑。

在魔法方面，接骨木與保護（尤其是避免被閃電擊中）、繁榮、療癒等有關。

紫杉（*Taxus baccata*）

紫杉具有毒性這一點，可能是其帶有鮮明的死亡聯想的一個原因。這是一種歐洲樹木，經常出現在巫術與自然魔法知識中。紫杉木非常堅硬，建築中若需要堅硬不屈的結構時可以使用它。在魔法方面，紫杉與神靈、冥界有關。

山楂（*Crataegus oxyacantha*）

山楂又稱五月樹、五月花、帶刺山楂、白山楂等，山楂灌木經常被用來當成邊界籬笆。事實上，山楂英文名「hawthorn」中的「haw」就是籬笆的舊稱。山楂是一種魔樹。把山楂樹、橡樹和梣樹種在一起，據說就會在樹木間看見仙子和精靈。就算山楂樹是獨自生長，一般也認為它是精靈的最愛。山楂木和橡木一樣堅硬，燃燒後能產生很高的熱度。其魔法聯想包括豐收、和諧、幸福、冥界、保護。

榛樹（*Corylus avellana*）

榛樹在歐洲民俗中向來與智慧有關，和榛樹有關的神明與神話人物有雷神索爾（Thor）、女神布莉姬（Brigid）、太陽神阿波羅（Apollo）。榛果實和榛樹枝有魔法用途，榛樹也與好運、豐收、保護、如願有關。

練習與樹同調

開始前，請先複習第三章描述的感測能量練習。

1. 選一棵樹，站在樹旁。伸出一隻手，擺在離樹皮一英寸（約二・五公分）遠的地方。延伸你的覺知，感受樹的能量。完成這項練習時，在日誌中寫下紀錄。
2. 觸摸同一棵樹的樹皮，探索手中樹皮的觸感。傾身靠近並嗅聞樹木，閉上眼睛聆聽樹木對環境產生反應時的聲音。凝神看著樹，觀看其不同紋路、色彩和斑點。如果這棵樹長有果實，而且你知道是安全的，就摘下來品嚐。將感受記入日誌中。

3. 在不同的樹上進行這項練習。比較並對照各段體驗。
4. 在同屬的不同樹種上進行這項練習。這些樹種之間有何異同？

採集並使用樹木

有些人很難接受從生長中的樹幹或灌木上直接取材，因為他們不知道怎麼砍比較妥當。使用新鮮木材，可以讓你汲取儀式工作或任何一項需要這種木材的作業中，其恰好需要的大量生命與能量。枯木則是樹已經棄之不用的木材，可能沒有你要找的那種生氣蓬勃的能量。關鍵在於你如何看待自己與自然界之間的合作。如果你砍下新鮮木材，可能必須先讓木材晾乾後再用，因為樹的汁液可能會讓鋸子變鈍，也很難用砂紙將之磨平。

為什麼要使用新鮮木材？答案很簡單：你的魔法意圖在你選擇要砍下一些木材時，就已經展開了。選定某棵樹，就是向那棵樹本身的能量提出要求。砍樹時，你會專心在目標上。只要那棵樹同意將木材贈與你，從第一個行動開始，你就已經與那棵樹聯手將力量賦予這個目標了。

要如何向樹木求援？將雙手擺在樹幹上，提出你的意圖，大聲說出來或默念都可以。從頭想一遍你為什麼需要木材、究竟要如何使用、要達到什麼目標。所有這些思緒與感受都會透過你的能量流入樹的能量中。

接下來，請等一會兒。樹木往往需要一點時間來領會你的要求，因為它們的行事效率和我們不同。有時樹木會馬上接受你的請求，有時你卻可能得到不置可否的反應。如果是這樣，你可以感謝這棵樹的幫忙，告訴它，一、兩天後你會再來問它。一、兩天後，請你回來將雙手再度擺在樹幹上，以你的能量接觸它。重新述說你的需要並等候回應。有時樹木需要的只是多一點時間。

當然，樹木不會以言語告訴你，砍它的樹枝無妨。相對的，你會接收到一種平和、默許的感受。或許你會收到「這麼做可能不太好」的感受。若是如此，你可以再度謝謝這棵樹的協助和體貼，祝它安好，然後向另一棵樹求助。

汲取花卉的能量

花卉是植物美麗的一面，帶有珍貴而基本的生殖訊息。從技術面來說，花卉是整棵草、灌木、樹木的一部分，但又另當別論，因為我們往往認為花是識別一株植物的部分。在自然魔法中，也經常用到花本身。

將花曬乾後，你可以將之做成花環或拿來插花，也可以做壓花製成魔法拼貼或香草包，或是將之搗碎後混合草料，做成茶、香袋和香粉。

植物的花是一個輕巧的能量袋，因為花是植物的性器官，是植物生殖的途徑。乾燥花的能量是否不同於新鮮花朵？可以說是，也可以說不是；能量的本性是相同的，只是表現不同。在某些儀式或咒術中，你可能需要新鮮花朵的朝氣，但製作香袋或香粉等符咒時，使用乾燥花可能比較理想，因為乾燥花才能緩慢、持久地釋放能量。

以下是在綠女巫的花園中常見的十九種花卉，也會使用在魔法中：

康乃馨（*Dianthus spp.*）

康乃馨又稱香石竹，具有絕佳的療癒能量，非常適合當成探病的禮物。康乃馨在魔法上可以帶來保護、精力、能量、好運、療癒。

水仙（*Narcissus spp.*）

水仙又稱黃水仙、金穗花，是施桃花咒、豐收咒的理想花卉。水仙在魔法上與好運、豐收、愛有關。

雛菊（*Chrysanthemum leucanthemum*）

雛菊又稱野菊、白晝之眼，通常與愛、調情有關。我們都摘過雛菊的花瓣，數算著：「他愛我，他不愛我……」

魔法上，雛菊與愛、希望、純真有關。我們也會將雛菊使用在與孩童有關的魔法上。

梔子花（*Gardenia spp.*）

梔子花是把寧靜的能量吸引到一個地方或一個人身上的絕佳花卉。將梔子花的花瓣加入療癒香袋或用在療癒儀式中，可以注入這種寧靜的能量，讓療效按部就班地發揮。

梔子花也經常被用在求愛術和桃花咒中。魔法上，梔子花與和諧、療癒、愛情、平和有關。

天竺葵（*Pelargonium spp.*）

不論天竺葵是種在室內或室外，都帶有強烈的保護能量，能延伸這股能量到周圍的區域。紅色天竺葵在傳統上與保護有關。玫瑰天竺葵是用在求愛術中。魔法上，天竺葵與豐收、愛、療癒、勇氣、保護有關。

風信子（*Muscari racemosum*、*Hyacinthus non-scriptus*）

葡萄風信子與野風信子都有一種美好的春天氣息。多年生的野風信子又稱藍鈴花，比栽培用的葡萄風信子更小巧嬌美。風信子的花期雖短，但能在短時間內產生活潑的能量。風信子的名字來自希臘神話中太陽神阿波羅所鍾愛的一位年輕人，因為他意外身亡，阿波羅便創造出這種花來紀念他。風信子在魔法上與愛、幸福、保護有關。

鳶尾花（*Iris florentina*）

鳶尾花又稱菖蒲，是一種美麗的春天花卉，在魔法中有淨化、祝福的功能，也與智慧有關。鳶尾花的三個花瓣據說象徵信念、智慧與勇氣。鳶尾花根又稱鳶尾根，搗碎後的粉會散發微甜味，可用來當成香草包中的固香劑。鳶尾粉也有促進平和、和諧、愛等用途。

茉莉（*Jasminum spp.*）

茉莉又稱素馨，擁有醉人但纖細的香味，在夜裡通常會變得更濃郁。

由於這一點，茉莉往往與月亮、女性能量有關。茉莉向來與誘惑、官能性有關，是香水商的寶貴成分。魔法上，茉莉與愛、冥想、靈性、和諧、繁榮有關。

薰衣草（*Lavandula spp.*）

薰衣草是另一種廣獲喜愛的多年生植物，時常使用於魔法與非魔法用途中。

由於它的香味溫和，可以完美搭配魔法施用在孩童身上，以促使孩童放鬆入睡。

薰衣草有平和、和諧、寧靜、愛、淨化、療癒等魔法聯想。

紫丁香（*Syringa vulgaris*）

晚春時節的紫丁香散發濃郁的甜味，帶來醉人的香氣。這種灌木花卉通常是白色或帶有紫色調。魔法上，紫丁香是用在保護、驅逐負能量的用途上。

百合（*Lilium spp.*）

百合科的範圍很廣。一般來說，百合與保護、消除法咒有關。一日百合（金針）則令人聯想到周而復始的概念。

在某些文化中，百合與死亡、來世的概念有關，也有再生、周而復始的相關聯想。

山谷百合（*Convallaria magalis*）

這種白色或乳色的成串鐘形小花，散發著幽幽香氣，在魔法上能促進專注力與心智能力，也可以增進幸福感。

三色堇（*Viola tricolor*）

三色堇又稱愛懶花、跳強尼（Johnny-jump-up），是一種耐寒暑、外觀討喜的植物，具有與紫羅蘭相關的多色花卉。三色堇的花期延續整個夏天，有一年生與多年生的品種。魔法上，這種花有占卜、溝通、幸福、愛的聯想。

罌粟（*Papaver rhoeas*）

紅罌粟又稱角罌粟，是亮眼的花卉，莖葉有毛。雖然大量使用紅罌粟有輕微的麻醉效果，但鴉片罌粟（Papaver somniferum）這種罌粟科植物才是被用來製成鴉片的有毒植物。罌粟籽可用於烹飪與烘焙，也可以榨取罌粟油來煮食。魔法上，罌粟與寧靜、豐收、繁榮、愛、睡眠、隱形有關。

玫瑰（*Rosa spp.*）

玫瑰在不同文化與時代中都是最著名的花卉，香味獨一無二。民俗與文學讓玫瑰成為愛情的同義詞，不過玫瑰的涵義不僅於此。玫瑰激發一種美的氛圍，促使人接近大自然。玫瑰是非常陰性的花卉，如果沒有噴藥且經過妥善烹煮，是可以食用的（見第九章的玫瑰與其他花卉食譜）。真正的玫瑰花有溫和的香氣；不幸的是，玫瑰產品的人造香氣很濃而甜膩。魔法上，玫瑰與療癒、占卜、寧靜、和諧、靈力、靈性、保護有關。

金魚草（*Antirrhinum majus*）

金魚草蘊含一種純真無邪的美好能量，魔法上有保護的用途，尤其可以避免幻覺或欺騙，或是映照出負能量的源頭。沿著花園周邊種植金魚草，可以提供保護。

太陽花（*Helianthus spp.*）

太陽花又稱秘魯萬壽菊，顧名思義與太陽及其能量有關，這也意味著這種花卉帶有幸福、成功、健康的魔法聯想。太陽花也與納迎及家庭有關。這種植物的豐富種子帶有豐收的魔法涵義。太陽花是進行慶祝儀式或夏至儀式的理想花卉。

在它的種子發芽後，將之種入花園，可以增加花園整體的豐饒能量（請先確定你要種哪一類的種子，不要隨意種植，這樣你才知道長成的太陽花有多大！）

鬱金香（*Tulipa spp.*）

小碗或杯形的花型，讓鬱金香成為進行繁榮及富庶魔法的理想花卉。鬱金香也與保護、愛、幸福有關。

紫羅蘭（*Viola odorata*）

紫羅蘭又稱香菫菜，是一種用來促進和平、希望、和諧、保護、好運、愛、睡眠、寧靜的嬌嫩花卉。在施咒或製作香袋時，可以加入紫羅蘭來維持寧靜、促進和平，特別是人際之間的寧靜與和平。結合紫羅蘭與薰衣草來製作孩童的草本枕頭，可以促進睡眠、平息夢魘。紫羅蘭也有豐饒、富庶的涵義，從其繁殖迅速便可見一斑。

香草與綠葉的力量

一般我們使用「香草」（herb）這個詞，來描述擁有某種藥用、烹飪或魔法效用的植物。植物學家與園丁有時會從莖來區分草本植物與其他植物：如果植物的地上莖是「木本」，那就不是草類，而是樹或灌木。依照這種定義，薄荷是草本植物，迷迭香不是。

然而，在魔法與靈性世界中，「香草」這個詞是用來涵蓋所有樹木、花卉、香料的碎片，還有一切種類的植物。因此，香草在綠女巫的修業中占有很大的分量。從香草中，你會發現到各式各樣的實用綠葉（雖然常被忽略）。

以下列出一些香料與烹飪用的香草：

多香果（*Pimenta officinalis*）

多香果又稱皮門托（pimento）或亞買加（Jamaica）胡椒，其乾果是廚房香料架上的必備材料。它叫「多香」果是因為融合了丁香、肉桂、胡椒等各種香味，也是風味餅乾的常見香料。搗碎多香果的乾果時，它會釋放出又甜又辣的香味。多香果在祈求繁榮的混合材料中，以及任何增加能量、桃花、療癒、好運的魔法中，都是絕佳的添加物。

當歸（*Angelica archangelica*）

當歸又稱大天使草或天使草，歷來都使用這種香草來促進消化、增添葡萄酒或利口酒的酒香，還可以製成糖果。魔法上，這種植物特別能發揮保護、淨化的功能。

羅勒（*Ocimum basilicum*）

羅勒又稱甜羅勒、聖若瑟草（St. Joseph's Wort），在歐美人家的香料架和廚房庭院中很常見。羅勒在烹飪中是變化多端的香料，也是有全方位用途的絕佳魔法用草。羅勒可以用來祈求繁榮、成功、平和、保護、幸福、淨化、寧靜、愛。

月桂（*Laurus nobilis*）

月桂又稱甜月桂、甜桂冠，在古希臘與羅馬是用來做競賽贏家的頭冠。月桂有成功、智慧、占卜的魔法聯想。把願望寫在月桂葉上後燒掉，或是擺在枕頭下，入睡後的夢境便能為你提供若干指引（若要焚燒月桂葉，請先確定你所在的地區通風良好，因為燃燒的煙略有引起幻覺的作用）。

洋甘菊（*Chamaemelum nobile*、*Matricaria recutita*）

洋甘菊（羅馬與德國洋甘菊）又稱曼薩尼亞（manzanilla），也是一種廣受歡迎、應用廣泛的魔法材料與香草。它能有效舒緩胃痛、頭痛、神經痛，也是給孩童服用的理想香草。洋甘菊有繁榮、和平、療癒、和諧、幸福等魔法用途。

金盞花（*Calendula officinalis*）

雖然金盞花有時也被稱為盆上萬壽菊，但它不是普通的萬壽菊（*Tagetes spp.*）。金盞花可以食用，但園藝用的萬壽菊是不可食用的。金盞花在醫療上可治療各種皮膚敏感症狀，例如濕疹、瘀傷、疤痕、擦傷，魔法上則可促進幸福、繁榮、愛、靈力、和諧。

肉桂（*Cinnamomum spp.*）

肉桂是綠女巫的多用途必備香草，蘊含豐沛能量，任何東西只要加入一小撮肉桂，就能大幅提升其功效。

肉桂也是財富相關咒法的絕佳材料。魔法上，肉桂與成功、行動、療癒、保護、能量、愛、繁榮、淨化有關。

葛縷子（*Carum carvi*）

葛縷子籽是用來避免負力侵擾的理想香草，也頗具防盜功效，所以可以加一些到花園香袋中，放在戶外防止小動物來偷咬植物，還可以用在居家的守護香袋或法術中。葛縷子的魔法聯想包括健康、心智能力、保護、忠貞、防盜。

丁香（*Syzygium aromaticum*）

乾燥的小丁香苞可用於烹飪、烘焙、魔法中。魔法上，丁香與保護、淨化、心智能力、療癒有關。

在香袋或法術中加入三個丁香來結合保護與淨化能量，可以維持法術行動的純淨，使其焦點持久不散。

在香袋中放進迷迭香、當歸、鼠尾草、三個丁香、一撮鹽，以紅繩或紅絲帶繫緊，再將這個萬用香袋掛在門上或車裡，可以驅除負面力量，保護周圍區域。

聚合草（*Symphytum officinale*）

聚合草又稱紫澤蘭或織骨，是有名的療癒藥草，魔法上與健康、療癒、旅行期間的保護、繁榮有關。

蒔蘿（*Anethum graveolens*）

蒔蘿又稱蒔蘿草，有兩種形態：種子和葉，蒔蘿葉是羽狀乾葉。它的種子和葉都可以為綠魔法效力。蒔蘿在魔法上的用途是福氣、寧靜、繁榮、性慾、保護。

薑（*Zingiber officinale*）

野生或人工栽種的薑根，是用於儀式與符咒的理想材料，因為它可以加強其中的力量。薑和肉桂的能量相同，它產生的熱可以迅速提升與你的工作有關的能量。薑也可以用來啟動桃花、刺激財富，促使事情馬到成功。魔法上，薑可以用來驅除傷風、健胃、緩解噁心。

馬鬱蘭（*Origanum majorana*）

馬鬱蘭又稱甜墨角蘭，類似牛至（*Origanum vulgare*），但較甜也較溫和。古希臘人用來做為新人的婚冠，也用在幸福、保護、愛、喜悅等用途上，特別是居家環境。（牛至也是用來促進桃花、勇氣、行動的香草。）

薄荷（*Mentha spp.*）

綠薄荷或園藝薄荷的種類繁多，用途也很多樣，可以種在花園或廚房窗臺。在料理中混入一點薄荷葉，有助於緩解大部分的頭痛，刺激食慾，協助消化。薄荷的魔法聯想是繁榮、喜悅、豐饒、淨化、愛、成功。

艾草（*Artemisia vulgaris*）

艾草又稱艾蒿和水手的菸草，是另一種隨處可見的巫術用草。據說，葉子的煮汁有助於人在占卜前打開心胸。魔法上，艾草與預知夢和占卜、放鬆與寧靜、保護、驅逐、聖化有關。

肉豆蔻（*Myristica fragrans*）

肉豆蔻在醫療上可以減輕噁心感、舒緩消化問題（但高劑量會產生毒性）。魔法上則與靈力、快樂、愛、金錢、健康有關。

香芹（*Petroselinum crispum*）

香芹在古希臘有各種不同的用途，可以撒在屍體身上，去除腐臭味，也可以做成祝賀贏家成功的頭冠。魔法上，香芹與力量、精力、性慾、淨化、繁榮有關。

種子與葉都可以使用。

迷迭香（*Rosmarinus officinalis*）

迷迭香的實際用途，包括外用美膚油、增添深髮色光澤及緩和頭皮癢的護髮素。將它加入茶中，有助於緩解頭痛。迷迭香的魔法聯想包括保護、改善記性、智慧、健康、療癒。

鼠尾草（*Salvia spp.*）

鼠尾草或許是最常用於淨化與保護的香草。

將鼠尾草加入茶水中，可治療胃痛、紓解消化等問題，還有助於緩和焦慮不安等精神方面的問題。鼠尾草的魔法聯想包括淨化與保護、智慧、健康、長壽。

馬鞭草（*Verbena officinalis*、*Verbena spp.*）

馬鞭草又稱鐵馬鞭、術士草、優美草、凡凡草（van van），是一種萬用香草。醫療上，加入一點馬鞭草有助於緩和頭痛、紓解壓力，適合睡前要放鬆時飲用。馬鞭草的魔法用途廣泛，與占卜、保護、靈感、富庶、愛、和平、寧靜、療癒、繁榮、藝術表現技巧、逆轉負力活動有關。

將新鮮馬鞭草放進淡橄欖油或葡萄籽油中，可以製成馬鞭草油，這是一種標準的祈福／保護油。將搗碎的馬鞭草葉加入任何一種香袋，可以讓你召喚的正能量變得圓融飽滿。這是一種萬用香草，可以加入任何符咒袋或法術，促進事情馬到成功。

蓍（*Achillea millefolium*）

蓍又稱歐蓍、千葉蓍、蓍草、血草，因為它泛著銀色的葉子閃耀動人，所以是常見的花園香草。蓍的莖葉要在夏末採收，傳統上是用作止血膏藥。魔法上，蓍是用於勇氣、療癒、愛等用途。

苔蘚

苔蘚是在看似荒蕪的區域中最先生長的植物，生命力堅韌，在你想像不到有生命的古怪地方都能生長。苔蘚偏好潮濕、陰暗的環境，樹木、岩石、枯木、泥土中，都會也確實生有苔蘚。只要是找得到一點土壤的小縫、裂隙，都生有苔蘚。

苔蘚可以在看不出哪裡可以著根的地方生長，這是可能的，因為技術上來說，苔蘚沒有根。苔蘚透過葉子吸收水分。由於苔蘚只需要一點條件就能生長在難以想像的地方，因此與堅忍、耐性、養精蓄銳、接地氣有關。因為苔蘚在看似不利生長的區域也能生機蓬勃，通常也與沉穩、平靜有關聯。

蕨類

蕨是一種有美好靈氣的植物，可以脆弱，也可以非常強韌。蕨類可以生長在各種不同氣候與環境中，看它是屬於哪個屬和種。蕨類通常與無形、愛、貞節、避邪、解鎖有關。

青草

青草隨處可見到，但大多數綠女巫也常對它們視而不見。青草不是只出現在我們的草地上，路邊也有搖曳高聳的青草，也會生長在巷弄空地的縫隙中。青草和苔蘚一樣，與沉穩有關。青草還有一種古怪的幽默：你要它生長的時候，它硬是不生，但你想甩掉它的時候，它卻不斷冒出來。青草很愛惡作劇，但也有很高的適應性。

善用石頭：大地的骨頭

通常我們不認為石頭會像植物和樹一樣成長，但有時會把石頭稱作「大地的骨頭」。

石頭與水晶體積小、經久不化、俯拾即是，所以是綠女巫修業中非常有用的元素。請不要只因為寶石與水晶不會像一般的花崗石和泥土在你的後院突然冒出來，就忽略了其功效。

石頭在綠魔法中有多種用途，可以賦予其能量，也可以將之帶走或留在特定區域。

石頭可以當成珠寶戴在身上，混入香草包或其他香草混合物中，磨粉製成薰香，或是待成熟後整顆加入薰香（但開始焚香後要拿掉），也可以加入油、塞進植物罐或埋起來。可能性無窮無盡。

以下是綠魔法會使用的二十種石頭：

苔紋瑪瑙

苔紋瑪瑙有療癒、平靜、紓壓的作用，這種瑪瑙看起來像有幾股苔蘚在其中的冰塊，或是帶斑點的半透明水晶。如同大多數綠石，苔紋瑪瑙有大自然的聯想。

樹瑪瑙

樹瑪瑙很像苔紋瑪瑙，但與其說它像是有苔蘚凝固在其中的半透明水晶，不如說更接近被綠色線團環繞的不透明白石。

紫水晶

紫水晶是與靈力、真相、平衡、保護、療癒有關的紫色石英。

東菱玉

東菱玉是夾雜細微金點的綠色不透明石頭，魔法上與好運、繁榮、健康有關。

血石

血石是夾雜著紅色斑點的綠色不透明石頭，魔法上與健康（尤其是血液的相關健康方面）、保護有關。

紅玉髓

紅玉髓是奶橘色石頭，魔法上與成功、顯靈有關。

黃水晶

黃水晶是黃色石英，看起來往往像黃冰，或是黃白相間。黃水晶有尖形，也有磨圓的形狀，有平撫惡夢、幫助消化、集中心智、加強創造力的功能。

赤鐵礦

赤鐵礦是暗銀色石頭（看起來也可能接近黑色、褐色、紅褐色），在中世紀時也被稱為血石，所以如果你看見「血石」這個詞彙，得先弄清楚是指哪一種石頭。赤鐵礦含鐵，魔法上與多餘的地氣或不平衡的能量有關。赤鐵礦能使負力轉向，因此也與防禦、療癒、正義有關。

翡翠

這種石頭通常呈綠色，與智慧、繁榮、豐饒、健康、保護有關。

碧玉

碧玉有多種顏色，但最常見的顏色是紅色。碧玉是接地氣、穩定能量的理想材料，也有保護、增進勇氣的功效。將碧玉埋在花園的四個角落，可以加深其與大地的連結，鞏固能量，促進大地的平衡生長與收成。

青金石

青金石是帶金斑的深藍色石頭，與領導力、溝通、紓壓、創造力、喜悅、和諧有關。

孔雀石

孔雀石是帶有淺綠色條或色圈的深綠色石頭，與豐饒、大地的奧秘有關。孔雀石是綠女巫修業的絕佳用石，因為能加強你與自然界的連結。不論你是要踏步穿過田野，還是在後院挖地，與綠色世界溝通時，請試著帶一塊孔雀石在身邊或戴在身上，觀察它如何影響你的工作和感知。

月光石

月光石是乳白色石頭，有時略帶綠色、粉桃色、灰色，魔法上有旅遊期間的保護、孩童、愛、平和的聯想，也與女神有關。

石英（白水晶）

石英是取得容易的水晶，看起來像冰，往往有一點內含物（但不影響其能量）。

石英晶體能增強能量、蓄存力量、加強靈力，吸收負力。石英如今已廣受歡迎，磨圓或尖形（原本的生長形狀）在市面上都找得到，也時常做成珠寶裝飾。在綠巫術中，石英晶體是絕佳的萬用石頭。

薔薇石英（粉晶）

另一種常見的石頭是看起來像粉色冰塊的薔薇石英。薔薇石英和其他石英晶體一樣，能增強並蓄存能量。

薔薇石英特別有助於加強自尊、鼓勵自愛、療癒情緒、滋生情感、將負能量轉化為有助力的正能量。

煙石英（煙水晶）

煙石英是灰色石英，可用來接地氣和清除障礙。煙石英能加強直覺，有助於將念頭化為行動，讓目標落實。

雪花黑曜石

這是一種不透明的黑色石頭，含有看似白色或淺灰色雪花的斑點，具有保護功效。普通的全黑色黑曜石也有保護功效。我偏好在綠巫術中使用雪花黑曜石，因為它能讓我想起冬日與午夜，兩者都是日夜與季節自然循環重要的一部分。

方鈉石

一種帶白或灰色條紋的深藍色石頭，可用來平衡情緒、加強智慧。

虎眼石

這種褐色石頭有光滑的緞面質感，帶有暗金色的帶狀光輝，可用來加強精力、勇氣、好運、繁榮。

綠松石

綠松石是帶有黑或灰色細線的淺藍色石頭，是絕佳的孩童用石頭，因為它能提供溫和的保護與強化功能，也有助於集中心智與意志。

淨化石頭

在使用石頭之前，先進行淨化與純化是很重要的。淨化是以物理方式去除髒汙或雜質；如果有必要，先以淡水清洗石頭，再用布或刷子將它擦亮就可以了。純化石頭意味著洗淨石頭的能量。在使用石頭施法之前，務必要先純化。

純化石頭有幾種方法：

- 擺在日光或月光下一段時間。
- 埋進一小碟鹽巴中一到三天。鹽是天然的純化劑。但是，絕對不要用鹽來淨化赤鐵礦等含鐵的石頭，或是鑲嵌在金屬中的石頭，因為金屬會生鏽。
- 埋進一小碟塵土中一段時間。土壤可以發揮與鹽相同的目的，只是需要的時間稍久。
- 將石頭浸入水中一段時間。流動的水能更快淨化石頭，不過，若把石頭放進一小碗水中久一點，淨化效用也一樣好。你可以加一小撮鹽到水裡加速過程，若是要淨化的石頭鑲嵌在金屬中，或如赤鐵礦般含鐵，就不宜加鹽。

使用你選擇的方法來淨化，需要花多久時間，端視附著在石頭上的外來能量有多少而定（見下文說明）。

調和石頭能量

使用石頭來施法時，請先了解其特定能量為何，這樣你感測其能量時，才知道要純化多久。

剛從店面或廣大的戶外帶石頭回家時，請從上述方法中選一種來進行淨化與純化，時間長達一週，以確保徹底清除所有外來能量。請不要擔心會清除石頭的內在能量，沒有過度淨化這回事。

一週後，請做好準備，找一個安靜的地方，帶著石頭和你的綠女巫筆記安頓下來。深呼吸三次，釋放緊張情緒，每次呼氣時都專注在手中的石頭上。一開始，請先運用第三章描述的能量感測方法來測試石頭的能量。這顆石頭的能量感受起來如何？請盡量深入觀察並聯想，也要記得寫下來。重點是，你所做的是對那股能量的個人觀察，不是對石頭做出與他人無異的傳統聯想。

一旦你掌握到石頭完全處於不受其他能量影響的天然狀態下，會帶來哪種感受的能量時，日後你要使用之前，就可以研判它需要純化到何種程度。每個人感受能量的方式不同，那顆石頭在你感受起來可能特別重或負面，或覺得不對勁，或下次拿起來用時，覺得根本不符合你的期待，如果石頭給你的感覺徹底不同了，請花較長的時間純化。如果你上次曾用這顆石頭施法，那純化的程序就很重要，就算這次你的意圖相同也一樣，因為使用過的石頭會吸附其他能量。

感測能量的經驗多了以後，你就能辨別要花多少時間純化石頭，因為你已經懂得比較它此刻的能量與其基本天然能量之間的不同。

賦予石頭力量

要在純化後使用石頭施法，你必須設定或賦予其力量。這個步驟能依你的魔法意圖，來調和石頭的天然能量。

即使你沒有以魔法意圖賦予石頭力量，它也能發揮其天然能量，但精確地以你的需要和魔法目標進行設定後，石頭將更能依照你的意願有效發揮功能。

◎ 以你的意圖來設定石頭，將石頭放在雙手手掌中。閉上眼睛，深呼吸三次，集中心智想著你的施法目標。

◎ 觀想你的目標已經達成，也就是說，你應該花一、兩分鐘想像，一旦達到你想要的狀態，那種滋味會有多美好。

◎ 現在，觀想一道亮光在你的雙手中成形。這道亮光是你從內心召喚出來要賦予石頭的能量。這股能量已經設定好了你的施法目標。請想像石頭吸收了這道光。

◎ 這個時候，請大聲說出你的目標是什麼、這顆石頭要發揮什麼功用。例如，如果你設定的目標是財富成功或富庶，可以說：「這顆石頭將帶給我繁榮。」有些人覺得重複念句子有助於提升能量，使其專注在設定的目標上。但筆者是一個安靜得多的綠女巫，我會默默地反覆念誦我的句子，直到文字變成一串字音。我會觀想那些字音流入石頭當中。

◎ 石頭汲取了那股能量後，就等於設定好了你的魔法意圖，能夠用來發揮那項力量了。

Chapter 6

培植綠魔法花園

花園是綠女巫修業中的重要成分。與大自然合作，未必總是意味著沉浸在廣大的戶外當中。許多現代綠女巫已經發現，不論是出自必要，或是想因應現代世界的需求，要與大自然的能量互動，還有很多其他方法。身在都會區域，需要有創意的解決之道。本章將聚焦於如何在現代都市綠女巫的日常現實中，發揮花園的功能。

荒郊野外不是文明的對立面，這兩者是彼此互補的環境兩極。人們需要安穩的環境來發揮自我，因此過去一千年來，我們將荒野規劃並組織成區。城市並不邪惡，荒野也不是只要存在便是好事。由於現代都市綠女巫十分了解這一點，她的天職有一部分便是在搭建「荒野」與「文明」之間的橋樑。

在你居住的地方，總會有一些作物永遠栽培不起來。例如在北美，種得出肉桂的人不多。所以你不需要勞神傷財，只為了與無法在你的所在地生長的異國植物建立個人能量關係。

量力而為，見機行事，栽種你能與其能量合作的植物，更能為你提供豐富的機會，帶來與大自然更深入的對話體驗及互動。

花園中的力量

綠魔法天生就與支配著先人生活節奏的農作週期息息相關。過去的農業社會重視土壤與作物的季節變換。綠女巫對豐饒、播種、栽種、收割（不論是不是比喻）的關心，都是根植於那種農業傳統。

因此，綠女巫與大自然及土地有強烈的靈性與個人關聯這一點，是說得通的。這種與大自然的關聯也有實際面。女巫的花園可以提供現成的食物來源，也能提供法術要素與各種療方成分。

不論是室內或室外花園，綠女巫與花園合作時，就是在與大自然進行個人互動。親力親為地照料花園，讓你有機會親身感受你與大自然的連結，體會到與自然循環和諧共處的簡單樂趣。

與任何類型的花園合作，也能讓你以完全不同的角度，深思和諧與平衡的概念。照料花園包含著貨真價實的能量施受關係。你投入花園的時間與心力，會直接反映在花園的健康與你的收穫上。花園和人一樣，時時處於變化當中。如同你的生活一波未平一波又起，這週你給花園的照料，也會和下週不同。太陽也許會毫不留情地照射好幾個星期，把你珍貴的植物烤焦，然後又像季風來臨般下一整週的雨，讓你搶救下來的植物幾乎滅頂。栽培花園是需要耐性的持久課業，你必須接納並體認到大自然是一個獨立系統，不論人類做什麼，它都自行其是。

在綠女巫花園中收割

你買來的香草，功效是否比自己種植的香草還弱？你從廚房架上拿來的香料，是否比你從花園栽種製成的香料還無效？那要看是由誰來回答這些問題。親力親為讓綠女巫能了解一株植物從種子到乾燥後的能量與威力。然而，香料架上的搗碎香料，原本也是來自大自然。實事求是的綠女巫拿到什麼就使用什麼，你不需要為了汲取植物的能量而栽種那種植物，買來的植物也蘊含著能量，你可以伸手碰觸，與其建立個人關係。如果你的所在地並不出產你想要的植物，你可以向草藥行、香草精油店或從網路購買。不過，如果你從上述地方買香草，請確定只用於魔法用途；除非買來的香草經認證可以安全食用，否則不要輕易拿來泡茶。

> 園藝用氣候帶地圖在你規劃花園時是一大助力。氣候帶是由最高溫和最低溫決定，進而決定了該地區適合栽種哪些植物。你可以從美國國家植物園網站參考農業部製作的「國家植物耐寒區地圖」（USDA National Plant Hardiness Zone Map）。
> 網址是：http://planthardiness.ars.usda.gov/。

至於新鮮植物好還是乾燥植物好？其實兩者的能量是相近的，只是形式不同。你可以將新鮮植物的能量想成流動的水，乾燥植物的能量則較接近杯中的水。只要植物是活著的，其能量就會流動。你一將植物採收下來，它的能量就像裝入容器的水，它仍然是水，也保有水的能量，只是那股能量是靜止而非流動的。

你需要植物或香草的能量來做哪些事、要在哪裡使用、如何使用，都能幫助你決定是要用新鮮植物還是乾燥植物。例如，製作香袋時，使用新鮮植物不是好主意，因為新鮮的葉子會發霉腐爛。

規劃你的花園

都市綠女巫在園藝上和創造與自然交流的個人空間等方面，面臨著幾項挑戰。在城市或郊區，多數人沒有規劃花園的理想空間。如果你家沒有從大門一路延伸到前門的土地，或者你住的是公寓，根本沒有土地，那麼令你訝異的是，其實你還有幾個選項。

請到市政中心或環境部門查詢你居住的城市有沒有任何公共花園空間。你可以申請使用這些通常有籬笆隔開的受保護園地，大多是免費的，或只需要少許租金。你可能必須舟車往返，但可以在合法範圍內栽種任何你想種植的植物。

如果你希望花園離家近一些，可以利用陽臺或窗臺栽種。盆栽花園是綠女巫面對有限空間、高樓或公寓生活等挑戰時，能提出的答案。在陽臺或窗臺進行盆栽園藝的一大好處是，如果容器或植物本身小到可以自由移動，你就能隨時隨地改變規劃。

在日誌裡記下哪些植物對你花園空間中的光線與環境反應良好，

也請記下你的花園在各個季節的演變。隔年，你就能創造出更繁茂的花園，或進行全新的實驗。

盆栽園藝有幾種選項。你可以擺一個室內窗櫺花箱、在窗外掛一個花箱，或是在露臺或陽臺種盆栽。

一條很好的法則是，小空間就用小容器。

把盆栽聚集成堆，就成了大型組合，但大花盆可能會讓小空間不堪負荷。同樣的，請不要以小容器栽種闊葉植物，這樣會造成視覺上的空間壓迫感。

然而，你能用那些容器栽種哪些植物，還取決於幾個因素。以下是你在動手前必須先回答的幾個問題。

- **你栽培花園的目的是什麼？**你想種的是烹飪用的香草，還是可食用的蔬菜？你希望這座花園是風平浪靜的避風港、個人與自然交流的天地、給予你力量的地方嗎？如果規劃得宜，你可以創造出一片神聖空間，讓你能與大自然進行綠女巫對話。灌溉、除草、照料窗臺花箱，給你的收穫就和坐在國家公園內不相上下。
- **你會在何時使用這個空間？**你會在白天還是晚上整理花園或享受這片空間？由於某些植物是在夜晚開花並釋放香氣，你選擇的植物會反映你的作息。
- **老實說，你會花多少時間整理花園？**
- **你的預算是多少？**
- **你希望這座花園反映出你其他居家方面的風格嗎？**你想嘗試創造與平日作風大相逕庭的風格嗎？

回答這些問題，製作一份你想從園藝中獲得什麼的清單，有助於你決定要栽培哪種花園。

你定義好了花園的目的後，就可以開始思考要如何創造這座花園。列出一份你希望種植的植物清單。接下來，這座花園的目的，能幫助你做出取捨，專心在你選擇的植物上。請為每種你想栽種的植物找出理想的氣候帶。你的願望清單上不免要劃掉一些選項，因為你並不住在正確的氣候帶上。仔細研究留在清單上的植物，有些很好種，其他則有難度且要耗費大量精力。由於你能奉獻給花園的時間與精力有限，這也會去掉願望清單上的幾樣植物。

接著，請考慮你想種植的植物可能會達到的高度與直徑。你必須捨棄一些會長太高，或是在陽臺、露臺占據太大空間，或容器裝不下的植物。要記住，你的容器必須大到容得下那株植物的根部，才算種得下它。

光線與天氣是另外兩個栽培小盆栽花園的重要層面。你所選定的花園空間，每天會有多少陽光？這片空間面對著哪個方向？如果面北，請選擇偏好陰影的種類；如果面東，你的花園會接受清晨的陽光；如果面南，務必時時留意花園，以確保陽光不會把植物統統烤焦或曬乾；如果面西，你的花園會享有午後陽光的暖意。如果你住在二樓以上，風會比較強，你的植物可能會慘遭蹂躪。只要是嬌嫩無比的植物都必須有遮蔭。如果你種植多年生植物，必須在冬天來臨或植物處於休眠期時提供保護。

人造光線是另一個選項。如果你打算用來整理花園的時間大多在夜裡，最好加裝專門的照明系統來打亮你的植物，讓你能清楚看見它們。吊燈可以帶來非常祥和、放鬆的氛圍，但請留意安全。如果你使用蠟燭或油燈，請剪短燈芯，以免火被風吹熄。請只使用專門設計成在戶外使用的吊燈，同時不要在四周放易燃物品。

植栽的訣竅

都市綠女巫通常沒有很多空間。雖然等植物發芽後再將之移植到戶外的盆栽花園，是從生命搏動之初就與花園建立聯繫的絕佳方法，但這往往不容易。你可以嘗試看看。如果植物不發芽，你也不要灰心。從產銷苗圃或園藝中心購買強壯的幼苗種進你的盆栽，不是什麼丟臉的事。

請務必使用良好的盆栽土。若要減少排水量，可以混合另一種材料，例如泥炭蘚，並在容器底部鋪小石頭。

普通的園藝用土壤不適合盆栽花園。盆栽花園需要蘊含豐富養分的土壤，因為盆裡的土少之又少。如果園藝用土壤是你唯一能取得的土壤，請混入分量相當的沙與泥炭蘚。請詢問園藝中心要給盆栽花園用哪種肥料，才能讓植物獲得大量營養。使用肥料不是作弊，只是為無法自行提供養分的環境照顧植物罷了。

讓花園平衡生長的關鍵，是定期整理整座花園。請每天照料你的植物，尋找發黃的葉子、疲軟的枝葉、枯萎的花朵。摘掉奄奄一息的部位，澆水灌溉過乾的植物。

土盆有洞，所以比陶器或塑膠容器更快流失水分。請旋轉花盆，讓植物的每一面都能曬到陽光。時時留意花園的狀態，讓你能在小毛病變成大問題前防患於未然。

你的澆水時間表取決於當地天氣、盆栽大小、種植的植物種類。盆栽通常留不住太多水，因為土壤不多，水會乾掉或被植物迅速吸收。

除非碰到乾枯期，每兩、三天澆一次水是一條好法則，乾枯期則要每天澆水。如果要你移動沉重的容器或水罐很難，可以考慮從屋裡的水龍頭接水管使用。

照料花園的自然之道

循自然之道照料花園，有幾種方法。畢竟，在花園中使用化學成分來助長植物生長或消滅入侵的昆蟲，有違綠女巫之道。以下是用自然方法來增加花園收成的幾個小訣竅。

堆肥

堆肥是讓有機物質回歸大地的方法，肥料可以在其中分解，增加土壤的養分。堆肥聽起來通常是有土地的人才能做的事，因為傳統上得要在院子裡闢出一個地方堆肥，但都市居民也可以用改良方法輕鬆堆肥。讓蚯蚓來堆肥，或是用紅蟲來分解有機物質，是一個選項。蚯蚓堆肥箱可以從網路上訂購，或是從農產雜貨店或園藝中心購得。

較平價也更簡單的另一個選項是堆肥桶。你可以把堆肥桶放在室外，較符合公寓居民的需要，但如果你沒有陽臺，也可以擺在廚房或洗衣房的陰暗角落。

堆肥需要三大元素：溫暖、陰暗、食物。

如果你把堆肥桶放在陽臺，可以靠牆擺放，如果是在室內，則可以放在洗臉臺下，那裡的環境比較溫暖。要陰暗，可以選擇不透明材質的堆肥桶，蓋子採密封式。

食物則是來自切碎的果菜渣。絕對不要把肉類產品或帶油脂的東西放進堆肥桶。雖然這些東西也會分解，但氣味很難聞，會破壞堆肥的平衡環境，也會吸引害蟲。你可以放茶葉（如果沒有散裝茶葉，可以撕開茶包使用）和咖啡渣、蛋殼、蔬果渣、室內植物和盆栽植物的枯萎花葉。

理想的堆肥桶是塑膠垃圾桶或特百惠（Tupperware）大桶。在底部鋪一層枯葉或碎報紙，再鋪一層泥土，加入你的第一批碎食物渣和一點水。用棍子攪拌一下，然後蓋回蓋子。蓋子內側會聚集食物開始分解後的濕氣，但偶爾為你的堆肥「澆水」保濕（但不要濕答答）是一個好主意。

每週再加一點乾料，例如一點碎報紙或泥土，以確保碳和氮維持良好平衡。每次添加碎屑時就要攪一攪，讓新舊肥料混合。偶爾要用小鏟子或鏝刀，讓堆肥來個大翻轉，以便肥料透氣。

大概三個月後，你就可以使用堆肥了。把一些肥料擺在每個室外和室內盆栽上。一定要在堆肥桶裡留一點肥料，以便進行下一次堆肥。

如果有氣味的疑慮，別擔心。良好的堆肥在分解時會產生濃郁的甜味。要避免產生濃烈的氣味，就要更常翻攪。

堆肥茶是從肥料濾出的水，這種極富養分的液體，可以用來澆室內植物、噴灑在盆栽花園的枝葉上，以促使其吸收養分，保護地面上下的植物部位。

要製作簡便的堆肥茶，方法如下：

1. 從堆肥桶撈出肥料，另外裝進小桶子，裝三分之一到半滿左右。以鏝刀攪拌幾下，讓肥料透氣並輾碎團塊。
2. 倒入溫水（不是熱水或滾水），讓肥料就此靜置兩到三天。
3. 小心將肥料產生的褐色水，倒進另一個小桶子或罐子裡。
4. 把濕透的肥料擺著，等它乾到平常的濕潤狀態，再放回本來的堆肥桶裡。

你可以使用褐色的堆肥茶來澆植物或噴灑枝葉，以驅逐病蟲害、汙染傷害。絕對不要喝下堆肥茶，那不是給人類喝的。

空氣汙染

住在城市的綠女巫也許會暴露在嚴重的空氣汙染中。不用說，汙染會造成呼吸問題，但還會讓四處蒙上一層灰塵，時日一久，不僅窗戶會變髒，牆壁變得灰撲撲，你的花園也會遭殃。葉子會枯黃無力，生長斷斷續續，植物也變得虛弱。請以愛心對待你的植物。輕輕擦去城市生活逐漸累積的塵埃。如果你幸運到能在市立公園租到一小片地，請定期用水清洗這些植栽。噴灑堆肥茶有助於給植物養分，抵抗空氣汙染所造成的傷害。

昆蟲與其他害蟲

如果你的盆栽花園是在都市，你可能永遠不需要擔心有鹿或兔子來偷吃幼苗，最後只剩一小截光禿禿的莖留在地上。然而，你還是必須擔心蟲害問題。

如果你的盆栽花園吸引的都市蚊蟲大概是一般數量，點香茅蠟燭多少可以驅散昆蟲。如果你的植物會吸引大量的特定昆蟲，你可以做幾件綠女巫友善之事來紓解狀況。首先要記得，你不需要使用化學殺蟲劑。在盆栽花園使用化學殺蟲劑太小題大作，而且你還有更平價、更厚道的選擇。

請試試天然殺蟲劑。製作大蒜、洋蔥或辣椒的萃取液。取三大湯匙（約四十三公克）的蔥蒜切碎，或混一點水放進果汁裡攪成菜泥。再加兩杯水進來，浸一整晚或一整天。接著過濾後，再加水稀釋到液體總量為一公升之多，然後倒進噴罐裡。先試噴在有蟲害的葉子上；如果葉子的反應欠佳，就稀釋噴液，再試一次。

如果情況堪憂，你可以用漂白水和自來水，以一比四十的比例混合，以去除頑強的害蟲。噴灑漂白水溶液在植物的莖葉上，但不要弄濕土壤，事後再以清水仔細洗滌。如果你先把塑膠袋這類東西鋪在土壤和盆器上，或是噴灑時稍微傾斜盆栽，避免噴液滴落在盆裡，會比較容易處理。

不論你噴灑什麼，噴灑時記得謹守以下的習慣，以策安全：

- 噴灑殺蟲劑時一定要戴手套，穿長袖，戴口罩，即使是天然殺蟲劑亦然。大蒜、洋蔥、辣椒對黏膜組織非常有刺激性。如果你吸入噴液，喉嚨和肺部可能會因對其敏感而發痛。風強的時候不要噴，等改天風平息後再噴。
- 不要在一天中最熱的時候噴殺蟲劑，請一大早就噴，或是等到入夜後再噴。
- 在噴灑全部植物之前，務必在每種植物上選一個小地方測試，才知道噴液的效力多強、植物的反應如何。
- 不要一視同仁地噴灑所有植物。這些噴液可能不是萬用的防蟲劑，而是針對特定問題使用。它也可能殺光益蟲和植物身上的微生物。

種滿一屋子的室內植物

如果你無法在室外種植物，或是希望室內外都充滿綠意，可以試試在室內種盆栽。

帶新的室內植物回家時，務必稍微進行能量淨化，以協助植物適應你的居住空間的能量，並去除附著在植物上的負力。

室外植物也可以進行淨化，不過可能不需要，因為種在土裡就能幫助它穩定，洗淨附著於其上的能量。

若要進行簡單的淨化，可以將手蓋在植物上方，手掌和手指距離葉子一到二英寸（約二・五到五公分）。觀想自己從植物四周掏走黑色或霧狀的能量。接著，像要把手甩乾一樣輕輕甩手，以去除並揮散負力。如果你擔心負力會影響家裡的能量，可以先淨化新植物後再帶進家裡。如果你是在屋內進行淨化，但又覺得不安，可以在室內焚香淨化。請記住，你絕對去除不了植物的基本能量，不用擔心會除掉與其本身有關的正能量。

為了迎接新植物進家門，你可以採用以下步驟為水罐祈福，再為室內植物澆水：

地、水、火、風之精靈，
我請求您祝福這水。
賦予水精力、保護、平和，
願飲此水的植物同享福報。

如果有必要，可以盡量為你的新植物噴灑聖水，剩下的水便噴灑在現有的室內植物上。

注意事項

選擇要帶哪種室內植物回家，就跟選擇要在室外種哪些植物一樣重要。請仔細考慮你可以花多少時間和精力照顧室內植物。也要思考你的居住空間有多少光線，光線從哪個方向來、有多亮。要考慮你的居住空間有多乾燥或多潮濕，一般室溫是幾度。所有這些考量，對你能否在自己的居住空間成功種好植物，都有莫大的影響。也要考慮到你的室內空間有多大。室內植物受限於盆栽大小，要長得更茂盛，可能要更大的容器。

請仔細思考那株植物的能量。它能否適應並與家裡現有的能量流互動？伸出雙手蓋在植物上感受其能量以評估性質（請見第三章的能量感測練習）。一旦你感受到植物的能量，就能判斷它適不適合你家中的能量。

最後，還有一個重點要記住，室內植物和所有其他植物一樣會吸取負力。然而，由於它們受限於盆栽和少量的土，無法和生長在戶外土壤中的植物一樣成功地轉化能量。請溫柔地對待室內植物，給它們充分的肥料，有必要就換容器，還要定期淨化。如果你疏於照料，這些植物會因為負力的累積而枯萎。如果你的室內植物看起來都病懨懨的，這可能是個信號，表示徹底進行居家整頓和淨化的時候到了。

Chapter 7

創造並製作綠女巫魔法

奠基於綠世界的魔法知識，是綠魔法的主要知識核心。本章將檢視結合自然界各種元素的實用做法與魔法、製品、法術，以及準備與存放的訣竅。

要選擇香草和其他天然元素來製作物品時，務必徹底研究那種香草的魔法與醫療用途。請仔細閱讀你的參考書所建議的準備方法，細心留意有無警示和標註。例如，有些香草外用很安全，內服卻有毒。

如果你想焚燒植物，請確保你吸入那些燃燒所產生的煙是安全的。請你在綠女巫日誌裡描述你想使用哪種香草，如果應該記得某些要點，請在標籤上附註。

如果你要為別人調配草料，請事先了解他們對哪些東西敏感、過敏，把成分全部列出來給他們參考。

準備香草

每年檢查你的香草與植物庫存，看看哪些材料短缺、哪些已經變質。採集植物時，務必確認自己知道要採收哪個部分，看是葉、莖、花，還是根。切莫摘下整株植物。絕對不要連根拔起，把整株植物帶回家。只要取你需要的部分即可，也要確保只採可採收量的四分之一。在採集植物時，少就是多。永遠不要以為自己應該有大量庫藏。你不可能統統使用到，結果是你會丟掉大部分的東西。綠女巫的工作計畫與符咒，大多只需要一株香草的一小撮或一小匙。在你的綠女巫日誌中記下自己採集了哪些植物、在哪裡採集、在哪一天採集、採集了多少，這是基本要件。

如果你要使用的不是新鮮植物，就必須先將之風乾再存放。風乾植物前要先甩一甩、刷乾淨，或是洗掉塵土。風乾的時候，將花葉鋪在舊濾網或棉紗布上，擺在通風良好的地方。你也可以用橡皮筋或線，把莖繫成一束，吊在室內空氣循環良好的乾燥地點，避免陽光直曬。將寫有植物名稱的小卡片塞在那束植物當中，在其乾燥後可以幫助你辨認。不要把那束植物吊乾太久，那樣會沾染塵土。若要避免灰塵，或是你拿回的是乾燥後種子或脆弱部分會掉落的有莖植物，請將植物放進紙袋，用線繫住莖（連同紙袋）的部分，再吊起來風乾。要準備存放植物時，請墊一張報紙或乾淨的布在底下，並摘掉莖上的葉子。

你也可以把植物放進烤箱烘乾。把莖切成幾段，連同花葉散置在鋪著羊皮紙的烤盤上，再放進不太熱的烤箱（溫度設在華氏一百度，約攝氏三十八度），烤箱門留一條縫，就這樣烘烤一、兩個小時，視你要烘乾的植物之厚度而定。請時時檢查一下，把已經乾燥的部分拿出來，其他則繼續烘乾。

不透明容器是存放香草的最佳地方。附密封蓋的瓷罐和深色玻璃罐也很理想。請在手邊備妥各種尺寸的容器。廚房用品店是購買瓶罐、碗盤、缽杵和其他綠巫術實用器材的一大來源。你也可以拿一塊砧板與一套刀具，當成綠女巫工作的專用器具。

如果你希望過幾天再使用新鮮的迷迭香、薄荷，可以先採集回來放在冷凍庫中。短期存放的話，可以直接將結實的葉子放進小紙袋，折好擺進冷凍庫門內側的架上。切記要在紙袋上寫下植物名稱、採集日期和地點。

若要長久保留植物，可以用冷水洗過，拿紙巾吸乾水分後，簡單切成幾段，再鋪在烤盤上。將烤盤擺進冷凍庫，等植物結冰後，再拿夾鏈袋保存起來。這種方法能讓葉子一片片分開。袋子上要標註植物名稱、採集日期和地點。使用時，只要打開袋子，拿出需要的分量使用就好。如果花葉全部凍結成塊，請整個拿出來，用刀切下需要的分量來使用。若要冷凍個別部分以進行烹飪魔法，請將植物切細碎，將一茶匙或一湯匙的分量，分別裝進製冰盒的格子裡。每一格放一點水，然後冰凍起來。等香草凍結成冰塊後，再取出來擺進夾鏈袋。同樣要在袋上註記必要的資訊。

請記住，採集植物是要交換能量的。這意味著你必須拿出東西來交換採集到的部分。請帶上一壺水，採集植物的部分時，給植物幾滴水，以感謝那株植物的善意分享。

萃取香草的能量

香草與植物是製作浸劑最常見的材料，其中茶湯是人們比較熟悉的一種。當然，茶湯不是只能用來喝，所以寫魔法和靈性用途的書才會使用「浸劑」（infusion）這個詞。

在本書中，我使用「茶」（tea）這個詞來表示能喝的東西；浸劑則是用來表示有其他用途的液體。

基本的製劑稱為「單方製劑」，只使用單一種香草。這是接觸一株植物的能量最佳、最簡便的方法，也是測試新植物效用最安全的方法。下面以四種方法說明如何萃取、保存不同香草的能量與其益處：

1. **浸泡**是把葉子或花浸入特定溫度的水中一段時間。水逐漸變涼時，植物也深浸其中。這種溫和的技巧讓水能萃取脆弱植物的益處與能量。浸泡所產生的是最淡的萃取液。
2. **熬煮**是在一段時間內以沸水熬煮濃稠草料。這項技巧是用在根、枝幹、樹皮上。熬煮所產生的精華稍微濃一點。
3. **脂吸**是在室溫或加熱的環境下，將植物浸入油或脂肪，來萃取其精油和能量的方法。如果其結果在室溫下是液體，稱為精油，固體則稱為油膏。你取得的油的效力有多高，取決於你浸植物的時間多長、把已被吸乾的植物換成新鮮植物的頻率多高。由於你沒有專業設備，很難在家萃取出能散發強烈香味的香水等級精油。不過，雖然香味是重要的美感成分，香味濃郁卻不一定代表精油的能量很強。因此，魔法精油也許不會有很強的氣味。精油是供外用的（為了避免引發重症或意外中毒，絕對不可內服自己提煉的精油；若要內服，僅能使用從信譽良好的商家購買的醫療等級精油）。
4. **浸漬**是將植物浸入醋、酒精、甘油等溶劑。產生的結果稱為酊。酊常用於醫療上，通常是加一、兩滴到水裡或配一匙蜂蜜服用。酊也有魔法用途。酊比乾燥草料能存放更多年。乾燥草料在一到三年後便會失去氣味和魔力，但酊可以保存香草的精華成分。

其他香草製劑

在醫療和魔法上，運用香草能量的方法五花八門。上述四種方法形成的是具有不同黏性的液體。除了倒出來外用或喝下，還可以採用其他方法結合另一種基底，帶來更有彈性的用途。將這些液體混合另一種基底的結果，包含以下的可能性：

- 融化蜂蠟後添加植物液體精華（通常是油狀），待其冷卻後便是**油膏**。浸泡或熬煮的製劑不適合用來做油膏，因為它們的強度不足以承載所需的能量或精華。你可以將油膏揉進身體或物體中使用。
- **搽劑**通常是以酒精為基底的液體，大多是用來迅速揉進身體的。
- **肥皂**蘊含植物液體精華，能結合油脂基底使汙垢浮上表面，以利清洗。魔法皂特別有意思的地方在於，它能讓負面或不討人喜歡的能量浮出物體表面，使其能被洗淨。魔法皂可以去除令人不快的能量，留下美好的能量。

祝福你的造物

雖然萬物都有內在能量，你也為自己的每個製劑或造物賦予了意圖，但有時為了匯集的能量而進行封印或加強也很好。為物件施行元素祝福，有助於將其能量奉獻給你的目標意圖，還能向自己的心靈發出信號，表示你已經大功告成，此刻是讓物品發揮預定功能的時候。

元素祝福

這種祝福可以當成任何計畫的最後一個步驟，或在聖龕添加新物件、新物品時施行。基本上，這種祝福可以淨化物品，注入有福氣的正能量。

下面這段祈福，是假設你所要祝福的物品小到可以握在手裡。如果物品沒有那麼小，請將它擺在你的工作區中或旁邊，並據此調整你的進行方式。如果你在祝福前已經先淨化過這個物品，或已經賦予其力量，你可以跳過步驟二到步驟六。

材料

◎ 一小碟鹽或泥土（或一塊小水晶或其他石頭）

◎ 插著一根香的香爐，或在隔熱碟裡擺草料薰香與自燃型炭磚。

◎ 插有一根蠟燭的燭臺

◎ 一小碟水

◎ 幾根火柴或打火機

◎ 要祝福的物品

做法

1. 在工作區中擺好每樣元素象徵，排成方形或一直線皆可。點燃香和蠟燭。深呼吸三次，釋放體內的壓力，你才能專注在眼前的任務上。

2. 一手拿起物品，放在面前的工作區中。另一手捏起一撮鹽或土，輕輕撒在物品上（或把水晶或石頭拿在手裡，碰觸該物品），說：

藉土之力，我滌淨你。

3. 拿起蠟燭，逆時針繞物品一圈，說：

藉火之力，我滌淨你。

4. 拿起薰香，逆時針繞物品一圈，說：

藉風之力，我滌淨你。

5. 以指尖碰水，灑在物品上，說：

藉水之力，我滌淨你。

6. 閉上眼睛，深呼吸三次，專注想著那個物品。

7. 再次捏起一點土或鹽，撒在物品上（或以水晶或石頭碰觸物品），說：

土給你福氣。

8. 小心地讓物品越過燭火上方，切記不要燙到自己或物品，說：

火給你福氣。

9. 讓物品穿過薰香的煙，說：

風給你福氣。

10. 以指尖碰水，灑在物品上，嘴裡說：

水給你福氣。

11.將物品拿在空中，如果太重則將雙手擺在物品上，說：
我請求宇宙的綠色聖靈，以大地與自然萬物之名，賜福給這個物品。

製作草料薰香

如果你使用的是線香，那麼應該很熟悉點燃香的一頭後，輕輕吹熄火焰，再將香插上香爐或香船上待其緩慢燒畢，這個過程中所產生的甜味和微煙了。

草料薰香帶來的是完全不同的體驗。這是一種實驗大自然福澤的絕佳方法。做自己的草料薰香時，你可以依自己的意思，混搭不同種類的魔法能量，為特定目標量身訂做薰香。你可以自行決定要做多一點或少一點，以自己的個人能量為其賦力。

草料薰香務必用乾燥的香草製作。新鮮香草無法妥善地燃燒，而且會腐壞，無法存放。如果你手上只有新鮮香草可以混合，請將那株香草擺在烤盤上，放進預熱到華氏一百度（約攝氏三十八度）的烤箱，輕烤四十五分鐘到一個小時，在這段期間密切留意。你也可以把那株草攤在紙巾上微波三十秒。檢查其乾燥的狀況如何，不夠的話，可以再多微波十秒。有些綠女巫擔心微波會損害香草的能量，所以對微波避之唯恐不及，但其他綠女巫對使用微波爐、果汁機、電動磨豆機這類現代設備來準備魔法材料，卻沒有這類疑慮，端看你的選擇。

身為現代綠女巫，你可以自行選擇使用哪些設備，只要順手就好。

試驗你的香草

在混合草料製作薰香時，先做一點研究，找出哪些花草最適合你的配方是很重要的。在你混合並薰燒任何一或多種香草組合之前，重點是要先了解每樣植物的毒性。如果這種植物摸起來或嚐起來有毒，那很可能它的煙也有毒，不能吸入。切莫輕易嘗試。

列出幾種你希望用來製作魔法薰香的草料後，請花一個小時左右點燃一塊炭磚，把每種香草輪流捏一點起來，放在炭磚表面薰燒。薰燒草料的氣味和薰燒鮮草的氣味不同。事實上，前者聞起來通常像焚燒葉子或青草的氣味。單獨測試每樣草料，你就能掌握每種草的氣味。薰燒時，請在你的綠女巫日誌中記下關於其氣味、煙的濃淡、燃燒的速度、薰出了哪種能量等資訊。

也請記下你對那種香草的身體反應。透過這類測試趁早發現你對某種植物的反應不良，總比等到你要施法時才發現要好。

試過每種香草後，你就可以考慮比例了。你希望增加某種香草的分量，還是只用一點就好？綠女巫的工作多半是靠直覺，也就是說，你很可能受某樣東西吸引，卻未必對那樣東西有確實的認識，也很難對自己的感覺說出什麼道理。

樹脂

使用草料薰香的一個明顯事實是，它聞起來並不總是像從店鋪買來的線香一樣甜美。添加分量相當的樹脂到你的草料中，不僅可以改善香的薰燒速度，還能為其提供更宜人的後調。

幾個世紀以來，各個文化都會以樹脂做成獻給神明的甜香供品。樹脂正如香草，帶有各式各樣的魔法聯想。然而，在草料中添加一或多份樹脂之前，請先撒一粒樹脂或一撮樹脂粉到炭磚上，讓自己熟悉它本身的味道。在你的日誌記下樹脂在炭磚上融化時發出的氣味、產生的煙霧多寡、散發哪種能量、你的感受如何（見本章下文的炭磚使用指示）。

雖然釋放某些能量是綠女巫魔法的主要目標，但美學也很重要。為了這個目的，我建議你使用以下一或多種樹脂做為草料薰香的基底（請記得樹脂分量應該相當於草料的總分量）。

柯巴脂

這種樹脂有白色、金色、黑色等不同類別，每一類的氣味略有不同。金色柯巴脂最常見，如果你拿起一包只寫著「柯巴脂」的樹脂，十之八九是金色柯巴脂。

柯巴脂是由芬芳裂欖的樹汁凝固而成，散發迷人的甜味，是做為花卉或淡草料薰香基底的好材料。柯巴脂蘊含的能量特別有利於愛、家運、奉獻、冥想、保護、慶讚、日能量，還有建造神聖空間。

乳香

金色調乳香是最受歡迎的樹脂之一，是由卡氏乳香樹的樹汁凝固而成，有時也被稱為歐黎巴嫩（olibanum）。乳香略有香甜味，幾乎是萬用的，可以當成任何草料薰香的理想基底。乳香在傳統上與聖性、淨化、冥思、保護、喜悅、慶讚、日能量、祝聖有關。

沒藥

沒藥是另一種常見樹脂，呈褐色，散發較幽微的苦甜味。

沒藥是來自沒藥樹或膠沒藥樹，帶有聖性的魔法聯想，尊崇死者與靈界、淨化、療癒。沒藥能為任何草料薰香添加一點額外力量，只要一、兩粒就很有用。

安息香

這種帶灰色的樹脂通常是磨成粉使用。安息香來自安息香樹，散發乾淨輕淡的微甜味，一般是淨化、療癒、繁榮、魅力等目標的絕佳材料。

蘇合香

這種黑色樹脂有時也叫蘇合油，質地較前述各種樹脂軟，呈土狀。蘇合香取自北美楓香樹，有療癒與接地氣的良好功效。

龍血

這種紅色樹脂是由麒麟竭或龍血竭這種棕櫚樹的樹脂凝固而成，是小提琴著色劑的主要成分之一。黏性很高，會黏手指和工具。

龍血時常使用於保護、淨化等目的，或是符咒的一般添加劑，能全方位提升功效。

檀香

檀香時常被混入草料薰香或當成其基底，技術上來說不算樹脂，而是粉狀或片狀木頭。市面上有紅色（孔雀豆）和白色（白檀）兩種，通常與靈性、淨化、冥思、平和、療癒、保護有關。

樹脂通常以顆粒或屑片狀秤重分包販售。一般來說，要將它混入草料前，最好先磨成粉。你可能需要拿石缽和杵來研磨（木缽杵不宜拿來磨碎樹脂），或是把小型咖啡磨豆機專門拿來磨草料和樹脂。粉狀樹脂比較容易混入乾草料中，較利於薰燒。

混製草料薰香

製作草料薰香的配方時，請思考你製作的目的，並組合選用能發揮能量來支持你的目的的香草及樹脂。舉例來說，求繁榮豐盛的薰香，也許可以用一份安息香當成樹脂基底，搭配一份混合薄荷、當歸、肉桂等香草來做薰香，這些香草都有繁榮的聯想。

綠女巫和其他女巫一樣，往往喜歡在基礎成分之外，使用三、六、九等數量的香草。三是與女神有關的數字。你也可能想拿四、八、十二種香草來製作，以表示對四大元素的崇敬。不過，做薰香要用多少種的樹脂或香草，其實沒有定律。只要記得一件事：愈多不一定就愈好。

混製草料薰香的基本步驟很簡單。如果有必要，請輕輕地把樹脂磨成小顆粒狀。不要磨過頭，不然缽杵或磨豆機產生的熱氣，會讓樹脂變得黏答答。把乾草料弄碎或磨成粉，再與樹脂一起放進罐子裡。蓋好後，搖勻所有成分。別忘記把最終的配方寫進日誌，也要寫上你的施法目的、製香日期，然後貼標籤在容器上。

為了促進草料薰香的功效，你可以先在材料中加入三滴精油，再蓋緊罐子並搖勻。同樣的，請選擇適合你的施法目的的精油。你可以使用材料裡原有的香草或樹脂的精油，來加強其香味，也可以加入另一種精油來添加不同能量。不要加超過三滴，否則薰香會太濕而點不燃。

做好草料薰香後，可以立即拿來使用，或是擺放一個星期左右，讓能量注入其中再使用。

賦予草料薰香力量

你可以做好薰香後就直接拿來使用。不過，就和其他魔法製品或製劑一樣，若是你賦予薰香力量，更能讓能量交織其中，使其專門針對你的魔法目標發揮功效。

要賦予薰香力量時，有兩種方法。綠女巫大多會兩種皆用。第一種是在磨碎並混製每種香草和樹脂時，觀想你的施法目標。這種方法讓你能個別設定每樣成分的目標。

第二種方法則如下所述：

1. 雙手捧著裝有薰香成品的罐子。深呼吸三次，集中心力。腦中想著你的施法目標。
2. 觀想有一道亮光在手中的罐子周圍成形。那道亮光就是與你的施法目標有關的能量，用來賦予薰香力量。
3. 想像樹脂和香草製成的薰香，吸收了那道亮光，已經獲得促進施法目標的能量。你賦予薰香力量，正是為了那個目標。

點燃草料薰香

草料薰香要放在圓形小炭磚上點燃，可在新時代和宗教用品店買到。

要點燃草料薰香時，你需要以下三樣物品：

1. 自燃型的圓形小炭磚（不是烤肉用的炭塊）
2. 裝有沙土的隔熱香爐
3. 打火機或長柄火柴

自燃型炭磚有各種尺寸。我不建議買〇．五英寸（約一公分）寬的炭磚，因為在點燃一湯匙的薰香時容易熄滅，若沒拿好，也容易破裂或碎掉。我建議購買一英寸（約二．五公分）寬的炭磚，一次只拿半塊來用（你實在不需要只為了一湯匙的草料薰香，就用掉一整塊炭磚）。

炭磚可以燃燒四十五分鐘到一個小時，而一湯匙的草料薰香根本燃燒不了多久。

請注意：千萬不可使用烤肉用的炭塊，因為它會產生危險的煙霧，若在室內或通風不良的地方使用，後果可能不堪設想。

一湯匙的薰香通常就能釋放足夠的能量到你的空間中，把少少的一茶匙薰香撒在燃燒的炭磚上，會釋放出一圈煙霧。草料薰香不同於線香，你一將它撒上炭磚，它就會立即焚燒，直到全部燃盡，因此馬上就會產生濃烈的煙霧和氣味。不過，那股能量和氣味會逗留在那個空間中，所以不需要一直添加香材來穩定產生煙霧。如果你燒太多香，房間裡會瀰漫煙霧，也許會觸發警報器。只要一點點草料薰香，就能薰很久。使用草料薰香時，你其實是在薰燒而不是焚燒；薰燒不會升起火焰。樹脂碎片會融化，草料則會變黑碎裂。

如果你選擇用火柴點燃炭塊，拿長柄火柴比較好，因為短的安全火柴燒完的速度太快了。長嘴烤肉用點火器也是點燃炭磚的理想工具。雖然有少數勇士在點燃炭磚時會用手拿著它，但基於明顯的安全因素，我不建議這麼做。

點燃炭磚的最佳方法，是一手拿鑷子或鉗子夾炭磚，另一手點火。讓火靠近炭磚的一角，點燃後會出現火星。如果你的炭磚燒得特別快，火星會開始往炭磚表面移動，燃燒其他部分的表面。如果你的炭磚質地稠密或是因為環境潮濕而略帶濕氣，可能就必須盡量用火點燃不同區域，讓它們最後合力點燃炭磚的其他部分。請記得拿金屬製的鑷子或鉗子，以便點燃後能為炭磚傳熱。

在完全點燃炭磚後，小心地將之放在香爐中的沙土上。若是碟子可以隔熱，也有一層能吸收炭的熱氣的材料，就能拿來充當香爐。為了安全起見，你可以把香爐擺在三腳架或隔熱杯墊上，以免桌子或聖壇被燙壞。

等火星在炭磚表面蔓延、開始微微變紅以後，你就可以準備放一茶匙草料薰香或一撮樹脂到炭磚上了。有些人偏好等到炭磚表面燒出灰層，才撒上薰香。

不要堆積一匙又一匙的薰香在炭磚上。請輕輕撒上薰香，觀想你在製香時的目標是什麼。若薰香積得太厚，可能會把炭磚悶熄。

薰香燒盡後，可以等十五到二十分鐘，待煙散去後，再加半茶匙的薰香到炭磚上。

等這些薰香燒完後，讓炭自行熄滅成灰。等灰冷卻後，再輕輕攪進香爐的沙土中。

預防萬一，可以放一小壺水或第二碗沙土在旁邊，如果火勢失控，隨時可澆熄或悶熄炭火或香火。

存放草料薰香

試作第一批的草料薰香時，請少量製作，以免你不喜歡卻又必須把整批用完。請記下配方比例，如果你喜歡的話，才能輕鬆增加分量。

我會用小香料罐裝草料薰香，放進櫥櫃陰暗處。我也會使用四盎司（一百二十五毫升）的密封罐。嬰兒食品罐也是理想的容器，如果你有孩子或認識的人有孩子，可以請他給你空罐，仔細清洗並確定完全晾乾後，再拿來使用。

請務必以標籤清楚標示罐中物。拿油性筆在瓶蓋上寫下薰香的名稱和日期，或貼一張標籤。不論你有多相信自己能憑薰香的氣味或外貌分毫不差地想起它的用途，我敢打包票你不會記得。寫日期很重要，你才能憑日期查詢綠女巫日誌，了解你在製香時還發生什麼事（也許還能想起製香的初衷）。三到五年後，你也才知道該換一批新的施法用薰香，舊的要汰換掉了（或只把舊薰香當成芳香劑使用）。

綠女巫的七種核心能量配方建議

- ◎ 快樂：乳香、檸檬、柑橘
- ◎ 和諧：薰衣草、白檀粉、茉莉
- ◎ 健康：沒藥、安息香、牛膝草、尤加利
- ◎ 愛：柯巴脂、玫瑰、茉莉、肉桂
- ◎ 繁榮：乳香、松木、羅勒、薄荷、肉桂
- ◎ 保護：龍血、迷迭香、丁香

製作符袋

符袋是一種小布袋，可以用來裝根據其魔法聯想而擺在一起的各種東西和物品，方便各種法術的施用。符袋的大小和使用地點不拘。你可以在門上掛一個，在車裡的手套箱塞一個，在抽屜、包包裡擺一個，在床柱上掛一個……你想放在哪裡就放在哪裡。以下是基本的保護小符袋。請以此為基礎，做出自己的符袋。

保護符

這種符袋是要掛在前門或後門，看哪一道門比較常開關。

材料

◎ 2 片（長度 7.5 公分、寬度 18 公分）紅色或黑色布料
◎ 熨斗（可不用）
◎ 搭配布料的線
◎ 縫針
◎ 珠針
◎ 2 段（30.5 公分長）紅紗線或細絲帶
◎ 1 顆雪花黑曜石
◎ 1 茶匙葛縷子籽
◎ 1 茶匙艾草
◎ 1 撮鹽

做法

1. 在布料的短邊折出長方形的小縫邊：將 7.5 公分長的那邊之邊緣，往內折出 0.5 公分寬的長方形，並以手指或熨斗壓平。以平針將折起的布邊縫好。另一片布料也依樣縫好。
2. 將兩條布的縫邊對齊（縫邊都向著外側）。以珠針別好。
3. 以平針縫合無縫邊的另外三側，留出縫邊那一側當開口。將袋子裡往外翻轉。
4. 將紗線或絲帶對折，將對折處和袋子的接縫處縫幾針固定好。
5. 將雪花黑曜石和草料裝進袋子裡。
6. 以紗線或絲帶綁緊袋子，吊在門上方的小掛勾。

在符袋外加上綁繩，你就可以打開以加入其他必要物品來補足魔力。你也可以像縫枕頭一樣，把符袋縫死，不過這樣一來就打不開了。

如果你已經不再需要這個符袋，或是其效力已經消失，你可以打開取出裡面的物品，一樣樣分開捨棄，草料可以放進花園或加入肥料中。

製作夢枕

夢枕是另一種形式的符袋，讓香草的溫和能量與你自身的能量在睡夢中互動。

請將夢枕擺在你的睡枕下，或是掛在床柱上，或是擺在床邊小桌上。

大一點的夢枕可以當成草枕使用。

製作夢枕或草枕時，由你決定要運用多少魔力。

若要加強夢枕內草料的施法目標，一個理想的方法是由你選一種與施法目標有關的適當顏色。

如果你想以絲帶吊掛枕頭，應該以適當長度讓夢枕可以掛在床柱旁或床邊牆上的掛勾。

好夢枕

這種夢枕的目的是讓你放鬆，改善睡眠不安寧的情形。

材料

◎ 1 湯匙紫羅蘭

◎ 1 湯匙綠薄荷

◎ 2 湯匙薰衣草

◎ 1 個小碗

◎ 1 塊長方形（長 10 公分、寬 20 公分）布料（顏色由你選擇）

◎ 搭配布料的線

◎ 珠針

◎ 縫針

◎ 熨斗（可不用）

◎ 棉胎（約拳頭大小，或長寬各 10 公分）

◎ 絲帶（可不用；長度見上文說明）

做法

1. 在碗內以指尖混合草料。
2. 將布料對折成雙層的正方形。如果你使用的布料有花色，請讓花紋在裡側。以珠針別好。
3. 在方形布料的三邊開口中，選兩邊以平針縫好。
4. 將第三個開口往外折出約 0.5 公分寬的邊，以手指壓平折邊，或使用熨斗燙平。將枕套裡外翻轉，如此一來，縫邊會變成在裡側（第三個開口壓平或燙平的折邊也應該在裡側）。
5. 抓鬆棉花或棉胎，使其膨大蓬鬆。將草料放進棉絮中央，並將棉絮的邊緣往裡面折，以免草料從棉花裡滾出來。如果棉胎是平整的，請將其中一片方形棉胎鋪好，中央鋪上草料，再覆蓋第二片棉胎，然後以平針縫好四邊。
6. 將塞有草料的棉絮放進枕套。以珠針封住開口。如果你要加上吊掛用的絲帶，請對折絲帶，將兩個末端塞進枕套開口，以珠針固定。以平針將枕頭縫合時，也一併將絲帶縫牢。
7. 將你的新夢枕擺在睡枕底下，或臨睡前將夢枕放在睡枕旁。

你可以增大夢枕的尺寸。當然，枕頭愈大，就需要愈多棉絮來保護裡頭的草料。使用多少草料由你自行決定。以下是建議可用於夢枕的香草：

◎ 平和：薰衣草、罌粟、梔子花

◎ 和諧：洋甘菊、紫羅蘭、金盞花
◎ 快樂：忍冬、太陽花
◎ 愛：玫瑰、茉莉、梔子花
◎ 健康：尤加利、肉豆蔻、康乃馨
◎ 繁榮：肉桂、柑橘、羅勒
◎ 保護：天竺葵、鼠尾草、丁香

花園符袋

這種符袋有別於一般符袋，因為花園符袋訴求的方法略微不同。由於花園符袋最後要能分解碎裂，需要不同的成分與材料。

花園符袋是吊掛在戶外或埋在特定地點的符咒。這些符袋一般是用來保護地產或其上的某個區域，例如一株特別的植物或花床，或是增加花園的一般產量。由於這些符袋要掛在戶外接受風吹雨打，通常要做小一點，比較方便和美觀。當符袋分解時，草料會掉出來，若從大符袋掉出來會顯得亂七八糟，用小一點或是不張揚的符袋，比較不會造成髒亂。如果你想做某種大一點的保護性符咒，可以考慮做踏石（見本章下文）或以較持久的材料製作其他東西。

要把花園符袋做得比普通符袋或夢枕小一點，還有另一個原因：可以全部以草料來填充，不需要使用棉絮或其他填充物。要製作花園符袋時，請裁出兩塊正方形或長方形布料，依上述夢枕的製作步驟縫合。去掉填充物或棉胎，只填入草料即可。縫合最後的開口，依夢枕的製作步驟加上吊帶，或依符袋的製作步驟加上絲帶，然後懸掛在適合的室外地點。

你在設計花園符袋時，務必選擇天然纖維材質，最好是百分之百棉質，不過羊毛和絲也可以。天然纖維能確保材質會完全分解，不致傷害環境。你可以依施法意圖選擇顏色，或使用中性色，例如白色或未漂白的棉布原色。

然而，要記得雨水會浸透符袋，裡面的草料會沾汙纖維；陽光也有漂白效果，布料的顏色幾乎馬上就會改變。因此，不要期待過幾天後你的花園符袋還會一如當初漂亮。漂白或沾汙的過程和分解作用，正是魔法的一部分：符咒的物理性崩壞，會釋放出能量。

當纖維爛到布料開洞時，你可以將符袋埋在特定地點，或丟進肥料堆。你可以把更換花園符袋當成整理花園空間的日常流程之一。你可以做一個同樣的符袋（在綠女巫日誌寫下新日期，你才能追蹤自己更換符袋的頻率），或是評估花園的當前需要，設計一個新符袋（同樣要記下日期與你使用哪些新材料、原因何在）。

如果你在花園符袋中放進一顆石頭，更換時可以選擇與其他材料一起埋掉，或是重新用在下一次的符袋中。回收石頭是一個就算下次使用的草料不同，仍能維持花園能量長存的好方法。請不要在混合草料中納入金屬或添加無法生物分解的材質，也許會給花園帶來毒性。

製作掃帚

在第二章，你已經學到要如何以掃帚淨化一個區域。尋找天然材質的掃帚可能並不容易。但別灰心。自製工具是各路女巫由來已久的做法，製作掃帚尤其易如反掌。

製作枝條掃帚

從你居住地區的樹叢下蒐集小枝條和一根較長的枝幹，可以讓你的掃帚連結上那個地理區域的特定能量。融入你的個人能量後，這股自然能量就能創造出洋溢著綠女巫威力的掃帚來了！請試著辨認你採集的枝條是來自哪些樹種。你對材料所知愈多，就愈能調和其中的能量。

如果你的個人土地上種有樹木，可以在年度修枝時蒐集枝條和長枝幹。

另一種方法是，你可以在秋天時節到住宅區的街道上走動，從堆積在人行道旁等垃圾車載走的枝葉堆中蒐集枝幹。

如果枝葉堆是位在私人地產上，請先徵得住戶同意再取走枝幹。

如果你撿回的木頭是潮濕的，請先放在車庫和地下室等安全通風的空間兩、三個星期，以便晾乾。

製作掃帚時，重點是要用皮帶束緊枝條，那股壓力是維繫枝條直挺不散開的一大原因。

材料

◎ 工作手套（可不用）

◎ 報紙

◎ 1 根堅固的樹幹，約 150 公分長，直徑介於 2 到 2.5 公分之間
◎ 鋸子（可不用）
◎ 砂紙
◎ 長約 46 公分的枝條，每條厚度不超過 0.6 公分（數量要達到全部拿在手裡時有 7.5 公分厚度）
◎ 木工膠
◎ 皮帶或皮繩，長 150 公分，最少 2 公分寬
◎ 4 根釘子
◎ 鐵鎚

做法

1. 用報紙鋪出一片工作區。
2. 拿出 150 公分長的樹幹，決定哪一頭要當握把端、哪一頭當掃帚端。如果樹幹上連著樹皮，請決定要剝掉還是留下。如果你使用的是從樹上折下來的樹幹，可能要把頂端鋸平。以砂紙磨平握把端，上面才不會殘留尖刺或碎片。
3. 一根根檢視小枝條，將枝條上的其他雜枝剪除或折掉。以鋸子將枝條全都修到 46 公分長左右。
4. 拿一根較粗的枝條，使其一端與掃帚柄底端重疊約 12 到 15 公分（枝條未重疊的部分約 30 公分）。將木工膠塗在那 12 到 15 公分的枝條上，並將枝條貼在掃帚柄上。拉開皮帶並繞過那根枝條，再加一滴木工膠將之黏緊。

束牢後，用鐵鎚將釘子釘進皮帶，以固定枝條與掃帚。

5. 將掃帚柄底端的 12 公分範圍，塗上薄薄一層膠，開始逐一黏上其他的 46 公分枝條，每條上方的 12 到 15 公分處，要與掃帚柄底端的 12 公分處重疊。將第二條枝條擺在皮帶外側，第三條擺在皮帶裡側，務必使皮帶持續保持固定的壓力。
6. 將枝條繞一圈黏好，回到第一根枝條處時，塗更多膠在第一層枝條上，持續黏上更多枝條，讓枝條交替位在皮帶外側及內側。記得要束緊枝條。別擔心底端整不整齊。這是一根手作掃帚、魔法工具，其目的是要掃動空氣與能量，不是地板。這隻掃帚不需要整齊美觀。
7. 在第二層枝條黏到一半時，將皮帶從對面拉緊，釘入第二根釘子，穿入第一層枝條與底下的掃帚柄。繼續添加枝條。
8. 繼續添加枝條製作掃帚，進入新一層時，沿著枝條頂端塗更多膠。繼續在皮帶裡外交替擺放枝條。
9. 當你對掃帚的枝條厚度感到滿意，或是所有枝條都用完了以後，就用鐵鎚將裝修釘鎚入皮帶，並穿過枝條到底下的掃帚柄。在剩下的皮帶內側塗抹更多膠，將皮帶一圈圈繞過枝條拉緊，務必在皮帶末端再塗一點膠黏好，最後加一根釘子釘緊。
10. 將掃帚平放（不要任其擺盪）在桌上或地上至少三十六小時，或直到黏膠全部乾了為止。如果你希望加一點裝飾，可在掃帚柄繞一條皮帶，添加羽毛、貝殼、石頭等，或是雕刻一點圖案，請等黏膠乾了以後再動手。

11. 第一次使用新魔法掃帚前，請先握在手裡觀想一道燦爛白光在掃帚四周閃耀，看著它吸收那道燦爛的能量。之後，如果你喜歡，還可以用四大元素來祝福掃帚（請見本章的元素祝福）。

製作香膏或香水

這種魔法技藝可將你選擇的精油做成固體香膏，用來當魔法香氛。「香膏」（balm）這個詞代表某種撫慰，也是一種敷用在溫暖的皮膚上會融化的固體物質。

記得這一點很重要：香膏的本質是魔法，意思是精油的能量是作用在使用者的能量上。

務必選用開口寬到手指伸得進去的廣口瓶、錫罐或容器。不要選擇太深的容器，蓋子也一定要旋得緊，才能好好保存內容物。

你一定要仔細研究過想使用的精油，但不應該大量使用單一種精油，例如肉桂，那會刺激你的皮膚。務必考慮皮膚的敏感性。

塗香膏時，只要一點就可以了。用指尖挖出一點，輕輕以劃圓方式將香膏揉進你要使用的部位。

不要讓香膏接觸到眼睛。使用過香膏後，或以香膏促進的儀式活動結束後，請清洗雙手。夏天時，請將香膏放入冰箱，使用時才有涼爽感。香膏不應該塗在孩童的皮膚上。

魔法香膏

記得要在罐子或容器貼上清楚的標籤，寫出香膏的名稱。也要在綠女巫日誌裡寫下配方。

材料

◎ $1\frac{1}{2}$ 茶匙的蜂蠟珠
◎ $\frac{1}{4}$ 杯的甜杏仁油或荷荷芭油
◎ 乾淨的小空錫罐
◎ 燉鍋與水
◎ 5 到 9 滴精油
◎ 1 茶匙維他命 E 油（可不用）
◎ 小廣口瓶或容器

做法

1. 將蜂蠟珠、杏仁油或荷荷芭油放進乾淨的小錫罐中。先不要蓋上蓋子。將錫罐放進燉鍋，燉鍋裡大概裝半滿的水（這樣形成的雙層煮鍋，才不會讓易燃的精油接觸到火或加熱處）。將燉鍋放在爐子上，開中火，讓水的熱氣融化蜂蠟和杏仁油或荷荷芭油。
2. 把燉鍋從爐上移開。記得戴上隔熱手套保護雙手。將錫罐從水中拿出來。以劃圓方式滴入精油和維他命 E 油，在此同時，也以你的魔法意圖賦予混合物力量。

3. 讓混合物略微放涼。冷卻時，混合物的表面會凝固。用筷子或冰棒的木棍輕輕攪拌，讓固體與液體重新融合。攪拌的同時，也繼續加強你的魔法意圖。
4. 在混合物冷卻但還未完全固態化之前，將之倒入乾淨的廣口瓶或容器中，旋緊蓋子。貼標籤註明其內容物與日期。
5. 使用香膏時，以指尖挖少量抹在皮膚上。

以下是使用香膏的幾點建議：

◎ 冥想香膏：可以使用三滴薰衣草油、三滴檀香油、兩滴紫羅蘭油來製作。使用時，抹一點香膏在太陽穴和手腕內側。冥想香膏也是促進放鬆、睡眠的絕佳香膏，所以對促進平和與和諧有雙倍的功效。

◎ 淨化香膏：可以使用兩滴薰衣草油、三滴乳香、三滴茉莉油來製作。使用時，在你的第三眼（額頭中央）、胸口、太陽神經叢上，抹一點香膏。只要覺得有需要，你隨時都能用來去除你的情緒或身體中的負面情緒或負能量。

◎ 求愛香膏：可以使用三滴玫瑰油、三滴茉莉油、兩滴薰衣草油、一滴香草油來製作。使用時，抹一點在手腕內側、心窩、頸背、膝後（請注意，這種香膏是一般的愛意香膏，可以促進對自己的愛和情感，也可以促進任何其他目的的愛意）。

◎ 富庶香膏：可以使用一滴肉桂油、兩滴柑橘油、三滴薄荷油、兩滴松油來製作。使用時將少量香膏抹在手掌和腳掌上。

◎ 療癒香膏：可以使用兩滴迷迭香油、兩滴尤加利油、兩滴沒藥、兩滴檀香油來製作。這種香膏可以促進靈性、情緒、身體的療癒，用在胸口或背部特別有效。請避開眼睛周圍或黏膜組織，也不要塗在細薄或敏感的皮膚上，因為迷迭香和尤加利具有刺激性。

◎ 快樂香膏：可以使用一滴萊姆油、兩滴檸檬油、兩滴玫瑰油、兩滴薰衣草油來製作。使用時，可塗在手腕或手背、膝蓋窩、腳背、心口。若要製作明亮的柑橘基底快樂香膏，可以使用兩滴萊姆油、兩滴檸檬油、兩滴柑橘油、兩滴佛手柑油。

打造花園踏石

這種魔法製品可以融合香草、寶石或水晶，還有你希望納入的其他天然成分。

以下是兩種不同的踏石製作法。第一種需要你親自混合並傾倒混凝土；第二種則是使用從園藝中心購得的預製混凝土或石板來製作。以這兩種方法製作的踏石具有不同的魔法功效，但你可以運用想像力更換整套魔法材料，或是構思自己的組合材料，來達到你的目標。

在將踏石完成裝飾與塗漆後，請先放在室內一個星期，以確保其完全硬化。在傾倒混凝土和等待踏石硬化的過程中，請勿移走鑄模。

把踏石拿出室內時，請仔細想好放在哪個地方最適當。雖然一般都稱之為「踏石」，但這些石頭往往不適合走踏，因為嵌在其中的凸出裝飾品和小細節非常不利行走。

請把踏石擺在花園靠近內院或走道附近，看得見但不會擋路的地方，往往才是最佳抉擇。

雖然踏石在理論上不怕風吹雨淋，但為了避免它崩裂或破損，如果你是居住在冬日嚴寒的地區，可以考慮在冬天時把它拿回室內存放。請每隔幾週檢查踏石，觀察它是否抵擋得住風吹日曬。如果你攪拌混凝土時摻了太多水，踏石可能會逐漸崩壞。如果發生這種情形，請在綠女巫日誌中註記下次要少放點水，並宣告這塊踏石是緩慢釋放的符咒。

當踏石劣化到難以辨認，或你不希望再拿出來見人的程度時，請帶著敬意將它移走，對它的付出表示感恩後，再丟入垃圾桶。不要埋起來，因為你使用的材料不完全能生物分解。

保護性踏石

把這塊踏石放在你的花園裡或前門旁，讓它的保護性能量擴及周圍區域。這項魔法製品最好在室外製作，而且你最好穿工作服再罩著圍裙。雖然製作基石總共只需要兩個小時左右，但它需要三天時間才會乾透。

材料

◎ 報紙

◎ 橡膠手套

◎ 1 片泥漿網（長寬各 30 公分）
◎ 鋁箔派盤（至少 5 公分深）
◎ 3 種保護性香草，每種各 1 湯匙（可以自行選擇，也可以試試當歸、迷迭香、丁香）
◎ 油漆攪拌棒
◎ 1 小袋混凝土拌合料（快凝土，或是特製的踏石混凝土）
◎ 桶子
◎ 水
◎ 量杯
◎ 舊的分菜匙（可不用）
◎ 4 顆箭頭形黑曜石
◎ 枝條或冰棒棍（可不用）
◎ 丙烯漆料和刷子（可不用）
◎ 清漆（噴式最簡單，可不用）

做法

1. 在工作區鋪上報紙，以免弄髒。
2. 戴上橡膠手套，將泥漿網裁切到可放進派盤的大小。泥漿網能促使乾透的踏石更堅固。
3. 將香草混合好，放在一旁。
4. 拿油漆攪拌棒，攪拌桶子裡的混凝土粉和水。以五比一的比例混合混凝土和水，通常效果不錯，不過，你也要閱讀混凝土袋上的說明。加粉會使土變濃稠，加水則會將之稀釋。拌好的混凝土應該濃稠濕潤，但不會噴濺；質感應該比較接近餅乾糊而不是蛋糕糊。不要用光一整袋混凝土，只要取用你覺得填滿派盤需要的分量就好了（可以稍多一點以防萬一）。

5. 以傾倒方式或用分菜匙將混凝土舀到鋁箔派盤（鑄模）裡，填到半滿左右。輕拍鑄模以釋放氣泡，並以攪拌棒抹平混凝土。
6. 將泥漿網擺在鑄模裡的混凝土頂端。在泥漿網上倒入更多混凝土，繼續填滿鑄模到其三分之二左右。再次輕拍鑄模，以釋放氣泡。
7. 將草料灑在混凝土頂端，觀想其保護性能量已經布滿了所有混凝土。
8. 在草料上繼續倒入混凝土，直到倒滿鑄模為止。在這第三個魔法時刻，輕拍鑄模來釋放氣泡。
9. 靜置鑄模大約三十分鐘到一個小時（請查看混凝土袋上的指示），等待混凝土稍微變硬，直到形成你可以壓入石頭的稍硬表面。
10. 將四顆黑曜石以星爆形狀置入石板中央，也就是石頭平的那一面朝中央並組成方形，箭頭朝向圓形派盤的邊緣。請將黑曜石牢牢壓進混凝土表面，同時一邊觀想箭頭驅除了任何靠近石板的負力。
11. 如果你喜歡，可以用枝條或冰棒棍，在石板表面畫象徵圖案或寫字。

12.現在，把石板放到安全的地方，最少靜置兩天等其變硬，擺三天更好。同樣的，請再次查看混凝土袋上的指示。為了安全起見，也許可以擺久一點，這樣你從鑄模取出石板時，它才會是全乾的狀態，不會被碰碎。

13.把鑄模倒過來，擺在鋪有報紙的平面上，以取出鑄模中的石板。輕輕鬆脫邊緣，將鋁箔餅盤從石板上剝下來。將石板翻回來，讓有黑曜石的那一面朝上。

14.如果你想要，可以在石板表面作畫。等畫乾了之後，便以清漆塗石板的每個面，以保護表面。

快樂踏石

這種踏石能吸引喜悅與笑聲。請擺在前門，將這類能量迎進家門。製作這種踏石時，最好使用小型預鑄石塊當基石，因為你還要在整個表面裝飾自己選用的寶石與水晶。這項技術要使用砂漿與填縫劑，讓裝飾固定在預鑄石塊上。

材料

◎ 比預鑄踏石大的空白紙張

◎ 鉛筆

◎ 普通的預鑄混凝土花園踏石

◎ 選用幾種磨圓的寶石與石頭，例如黃水晶、虎眼石、月光石、方鈉石、粉晶等
◎ 厚橡膠手套
◎ 桶子或乾淨的塑膠冰淇淋桶
◎ 薄砂漿
◎ 油漆攪拌棒
◎ 水
◎ 砂漿鏝刀
◎ 磁磚填縫劑
◎ 舊橡膠抹刀
◎ 海綿
◎ 軟布

做法

1. 在空白紙張上描出踏石的邊緣，然後將踏石放到一旁。在紙上的踏石輪廓內，以寶石和石頭擺出悅目的圖案。請使用分量夠多的石頭來完全填滿踏石的輪廓，但不要讓寶石碰觸到彼此。將紙和石頭小心地放到一旁。
2. 用水清洗空白踏石，以去除汙漬。拿花園水管來洗就可以了。
3. 戴上橡膠手套。在桶子裡依袋子上的指示混合薄砂漿。不要用完整袋砂漿，只要取用你認為需要的分量，可以稍多一點以防萬一。你要在預鑄石塊的表面上鋪一層厚約一公分的砂漿。

4. 用鏝刀在踏石的濕潤表面上，鋪一層半公分到一公分的薄砂漿。最後的厚度視你的寶石大小而定。寶石愈大，薄砂漿也要愈厚才固定得住。
5. 留住圖案，小心將石頭從紙上移到鋪了薄砂漿的踏石表面，將石頭壓進薄砂漿裡，使其高度相對平齊。請務必在寶石之間留出縫隙，稍後再補上填縫劑。
6. 將踏石放在安全的地方，至少晾乾十二個小時。把你用來調砂漿的桶子洗乾淨。
7. 再次戴上橡膠手套。在乾淨的桶子裡依袋子上的指示調填縫劑。同樣的，請不要用光整袋填縫劑，只要取用能鋪出一層厚約一公分的填縫劑就可以了，可以多一點以備不時之需。
8. 舀起填縫劑，鋪在寶石表面，並以抹刀抹平。務必小心地使填縫劑填入寶石之間的縫隙。也請在踏石四周補填縫劑。補好後，用抹刀抹平踏石表面，去除任何多餘的填縫劑。
9. 用濕海綿輕輕擦踏石和寶石表面的填縫劑。從中間往外擦，務必抹平寶石之間的所有填縫劑，同時將寶石上端洗乾淨。過程中，需要不時清洗海綿以保持乾淨與濕潤。小心不要將寶石之間的填縫劑洗刷掉。
10. 將踏石靜置二十四個小時左右，待其全乾後，以軟布擦亮。

Chapter 8

成為自然療癒師

走上綠女巫之路有深刻的靈性好處。沉浸在這顆星球的能量及其所有植物中，可以讓你達到更高的意識層次，為與你互動的人事物及居住環境帶來益處。雖然綠女巫的一個目標是治療他人，但在受訓成為合格藥草師之前，貿然開茶飲或其他製劑給別人，不是明智之舉，尤其是治療重大或慢性疾病。但如果有人抱怨肚子痛或頭痛，你可以運用民俗知識來建議治療法。

療癒的步驟

綠女巫是試圖撫慰身邊世界的自然療癒師。療癒是讓受干擾的能量恢復平衡的另一種形式。但療癒急不得。每個步驟都必須花長時間充分體驗。療癒大地或自己、他人、社區，無不是如此。

你必須從這段過程中學習，才能徹底感受、了解並完成每個步驟。療癒有兩個步驟：

1. 滌淨或淨化負力或負能量
2. 以正面事物取代負力或負能量

許多人會聚焦於步驟一，但遺忘了步驟二。大自然不喜空乏，在步驟一把負能量去除後，很快就會有新能量填進那個空白空間。問題是，我們不一定能掌握填入那個空間的是哪種能量。

若要掌握並妥善完成療癒過程，你可以施以祝福（請求另一個存在或靈體賦予正能量），或親自引進正能量來加強你治療人或物的效果。

不過，你在引進已經設定目標的能量時，要確保自己充分明白你的對象需要什麼。你可能以為你的對象需要精力，但這股精力到頭來卻可能用在別的地方。以平實、不設定目標的正能量來填充這個空白空間，會比較安全，接受能量的身體也才能依其需要，來運用這股能量。

要更加了解綠女巫之路的療癒面，你可以從研究各個文化中的療癒神祇開始。

沖泡療癒茶

茶是可以吸收的飲劑，通常以水製作，泡茶的基本技術是浸泡茶葉或花，或是把根、莖、枝、樹皮等，熬出更濃稠的茶水。今日市面上有許多種茶，各具有特定的療效，例如紓解壓力、促進睡眠、緩解頭痛等。

你可以購買這些市售茶來喝，不過親手製作的話，可以確保自己知道其中有哪些成分，還能避開讓你過敏的植物、善用你喜歡的植物。

請記住，不加以研究就內服任何東西是有危險的。本書的配方無意當成權威性的醫療建議，只是從民間智慧的角度提供參考。

下列所有配方都是以新鮮或乾燥的香草製作。如果使用新鮮香草，每次沖泡時，就以一杯沸水兌一湯匙的香草，並且只要泡當下你需要的分量就好。新鮮香草是無法存放的。

藥蜀葵茶

這種茶可以用來治療喉嚨痛或消化的問題，它的魔法聯想是保護與療癒。

每次泡一杯。

材料

◎ 1 湯匙（15 毫升）切碎的乾藥蜀葵根

◎ 1 杯水

做法

1. 將藥蜀葵根放進水中。
2. 慢慢燉煮十分鐘。

3. 從爐上拿開，多浸泡十分鐘。
4. 濾水後飲用。
5. 一天中有需要時，可以隨時飲用。

鼠尾草漱口茶

這種漱口茶能有效治療傷風和喉嚨痛，其魔法聯想是智慧、保護、淨化。
每次泡半杯。

材料

◎ 半杯水
◎ 1 湯匙乾鼠尾草（或五到六片新鮮鼠尾草葉）

做法

1. 將水煮沸後，倒入鼠尾草葉中。
2. 浸泡七分鐘。
3. 將茶水濾除茶料後，倒進已消毒的水瓶，放入冰箱。使用時，取一湯匙來漱口一分鐘，不要吞下。

保健茶

這種茶可以用來洗淨血液、調節消化系統，其魔法聯想是保護與療癒。

每次泡四分之一杯（六十毫升）左右；一湯匙可以沖泡出一杯半的茶。

材料

◎ 1 湯匙迷迭香
◎ 1 湯匙蓍草
◎ 1 湯匙苦薄荷
◎ 1 茶匙鼠尾草
◎ 1 大片貓薄荷葉
◎ $1\frac{1}{2}$ 杯沸水
◎ 1 匙蜂蜜（可不用）

做法

1. 將乾草料放進小廣口瓶中混合均勻。
2. 泡茶時，將一杯半的沸水倒入一湯匙的混合茶料中，浸泡七到十分鐘。
3. 將茶水濾除茶料後再飲用。如果你覺得太苦，可以加一茶匙的蜂蜜。

消化茶

這種茶有治療胃灼熱、肚子痛、脹氣的良好功效，其魔法聯想是繁榮。

一茶匙的茶料可泡一杯茶。

材料

◎ 1 份薄荷

◎ 1 份羅勒

◎ 1 份蒔蘿籽

◎ 1 杯沸水

做法

1. 將草料放進小廣口瓶中混合均勻。
2. 泡茶時，將一杯沸水倒入一茶匙的混合茶料中沖泡。
3. 浸泡七至十分鐘。將茶水濾除茶料後再飲用。

傷風茶

這種茶是用來治療傷風，其魔法聯想是能量與療癒。

一茶匙的茶料可泡一杯茶。

材料

◎ 1 份薑

◎ 1 份接骨木花

◎ 1 份蓍草

◎ 1 杯沸水

做法

1. 將乾草料放入小廣口瓶中混合均勻。
2. 泡茶時，將一杯沸水倒入一茶匙的混合茶料中沖泡。
3. 浸泡五至七分鐘。將茶水濾除茶料後再飲用。

舒眠茶

這種茶有促進睡眠的良好功效，其魔法聯想是平和、和諧、療癒、愛、快樂。

一茶匙的茶料可泡一杯茶。

材料

◎ 1 份薰衣草

◎ 1 份貓薄荷

◎ 1 份馬鞭草

◎ 1 份洋甘菊
◎ 1 杯沸水

做法

1. 將乾草料放入小廣口瓶中混合均勻。
2. 泡茶時，將一杯沸水倒入一茶匙的混合茶料中沖泡。
3. 浸泡五至七分鐘。將茶水濾除茶料後再飲用。

愛之茶

這種茶有放鬆和讚頌愛的功效，其魔法聯想是愛、快樂、平和、和諧。
一茶匙的茶料可泡一杯茶。

材料

◎ 1 份玫瑰花瓣
◎ 1 份薰衣草
◎ 1 份茉莉
◎ 1 撮肉桂（可不用）
◎ 1 杯沸水

做法

1. 將草料放入小廣口瓶中混合均勻。
2. 泡茶時，將一杯沸水倒入一茶匙混合茶料中沖泡。
3. 浸泡五至七分鐘。將茶水濾除茶料後再飲用。

醒腦茶

這種茶的用意是醒腦、幫助專注、增強記憶力、促進學習，其魔法聯想是健康、保護、快樂、平和。
一茶匙的茶料可泡一杯茶。

材料

◎ 1 份迷迭香
◎ $\frac{1}{2}$ 份綠薄荷
◎ 1 杯沸水

做法

1. 將草料放入小廣口瓶中混合均勻。
2. 泡茶時，將一杯沸水倒入一茶匙混合茶料中沖泡。
3. 浸泡五至七分鐘。將茶水濾除茶料後再飲用。

能量精油

油是保有香草或其他天然物品精華的便利方法。製油的基本方法是脂吸或浸漬（見第七章）。如果你自製油，其中將含有已經順應你和個人能量的額外益處，不過就如同其他任何材料，你在使用前仍應該先賦予其力量。不是人人都能準備好各種油類隨意取用。一般來說，從店舖可以買到兩種油：以基底油保存植物精華的精油，以及含有人工香味的香料油。

綠女巫在工作中大多偏好盡量使用純製品，因此比較會選擇精油而非香料油。

精油是從原始植物直接萃取的油，也就是說，就魔法或醫療用途來說，精油確實蘊含植物的原始能量及其化學益處。

精油比香料油昂貴，但效力也比較強；只要一、兩滴就能釋放植物能量。香料油的氣味不像精油的氣味那麼精確，也不含有那種植物的能量特色。雖然不負責任的商家有時會試圖將人工香料油當成精油販售，但只要比較價格，就可以有效指引你辨認出哪種是精油、哪種是香料油。茉莉油、玫瑰油等純精油，只要幾毫升就要價一百美元以上，如果有人只賣二十美元，你就知道那是人工替代品。另外，你可以把精油和香料油混合起來使用。

> 油一般都是用來塗抹，但也可以放入洗澡水、香草包、香袋中。不論你是自行調配，還是依下列配方製作，都可以加一、兩滴油到你的計畫中，以發揮魔法用途，帶來額外的能量和力量。

製油是進行實驗和表達自我的絕佳活動，還能加強你的直覺。有時你會福至心靈，在本來的配方中再加入一、兩滴別種油來使用。請隨心所欲，並記下添加的結果。在油熟成後，進行能量感測，然後在日誌寫下對這個新配方的觀察。

製成油後，能量有變化嗎？請將油的使用結果記錄下來。時日一久，配方會持續演變，反映出你身為綠女巫的個人成長和理解。

自製油

你可以製作特別用來代表你和自己能量的油，裝瓶後就能使用在各種目的上了。

材料

◎ 油（自行選擇）

◎ 小碟、碗或空瓶

◎ 附密封蓋的容器，用來盛裝製好的油

做法

1. 這個配方可以依你的選擇而定。請考慮選用你喜歡的花草、樹木，思考哪些元素能與你產生共鳴，也要考慮萃取出油的植物是什麼顏色和氣味。
2. 在綠女巫筆記中列出這些成分，不要受你手邊的油所牽制。你也可以思考希望在油中達到哪些情感或目標。想要有創造力嗎？想成為出色的溝通者嗎？想加強自己的培植能力嗎？

3. 接著，查詢清單中的植物有哪些特性，再查詢有哪些植物符合你清單中的特性與目標。將資料寫進日誌。
4. 現在，開始在清單上進行取捨。運用你的直覺考慮植物與特性搭配的重要性。
5. 得出三至十三項物品的可用清單時，開始思考比例。每種精油需要多少分量？一開始，你可以先將每種精油各取一份混在一起，也可以將其中一種當成基底油，少量加入其他油。不論如何調配你的油，都可以隨意照你的方法進行。
6. 調好比例後，檢查你的庫存油。如果哪種油少了，請決定是要自行製作（需要時間），還是購買現成的油。你還要決定自己要用精油還是香料油。請記住，你可以混合兩種油使用。
7. 自製油時，要量好選定的油各占多少比例才適當，將每種油各倒入一個小碟或乾淨的空瓶。
8. 逐一將油倒進你的精油容器後，攪拌在一起。
9. 賦予最後的成品力量，將精油捧在手裡，觀想你的個人能量從手中流入精油，直到你覺得能量已經完全充滿精油為止。
10. 蓋上蓋子，貼上標籤，在綠女巫日誌寫下日期、最後的成分和比例。

以下是你可以使用的油類配方，你也可以從中找出靈感來創造新的配方。千萬不要喝下這些油！請依上述「自製油」的步驟七到十來製油。如果配方中要添加香草，請留待最後再加。

活力健身油

這種油的魔法聯想是快樂、健康、保護、精力。

1份迷迭香＋1份薄荷＋1份柑橘＋$\frac{1}{2}$份檸檬＋$\frac{1}{2}$份百里香

耐心油

這種油的魔法聯想是平和、和諧、愛。

1份玫瑰＋1份薰衣草＋1份松木

英明決策油

這種油的魔法聯想是思路清晰、和諧、健康、保護。

1份松木＋1份迷迭香＋1份鼠尾草

繁榮油

這種油的魔法聯想是行動、精力。

1份薄荷＋1份羅勒＋1份肉桂＋1份松木

健康油

這種油的魔法聯想是健康、溝通、精力。

1 份百里香＋ 1 份尤加利＋ 1 份松木＋ 1 份薑

和平油

這種油的魔法聯想是冥想、靈性、和諧。

1 份紫羅蘭＋ 1 份薰衣草＋ 1 份茉莉＋ 1 份檀香

保護油

這種油的魔法聯想是保護、智慧、淨化。

1 份鼠尾草＋ 1 份檀香＋ 1 份當歸＋ 1 份丁香＋ 1 撮鹽

愛意油

這種油的魔法聯想是愛、和諧。

1 份玫瑰＋ 1 份茉莉＋ $\frac{1}{2}$ 份天竺葵＋ $\frac{1}{4}$ 份香草

再生浴與浴鹽

洗澡是一種魔法。水本身是療癒與撫慰的元素，洗澡時加入一份水劑，可以產生各種不同的效果。

為了避免浴缸裡漂滿莖葉或其他碎綠草而堵住水管，你可以製作浸劑，或熬汁後再倒進洗澡水使用。你也可以放幾湯匙草料到舊襪子或絲襪裡，打一個結，在放洗澡水時丟進水裡。浸劑會在洗澡水裡直接浸出。你進浴缸前，可先取出裝草料的襪子，也可以繼續放在水中，在你洗澡時進一步加強效果。

取出襪子之後，先將襪子吊起來晾乾，再打開結翻出內容物，去除乾草料。襪子或絲襪則可以重複使用。

另一種方法是，做一個可重複使用的沐浴袋：將兩片浴巾的三面縫在一起，留著第四邊做為開口。在開口往下的三分之一處，縫一條十二英寸（約三十公分）長的絲帶或細繩在側邊接縫。舀入幾湯匙乾燥或新鮮草料（不超過半杯），然後用絲帶或細繩束緊沐浴袋開口，並打蝴蝶結綁牢。你可以將沐浴袋擺在水龍頭下方讓水沖刷，或是丟進浴缸裡浸泡。

你也可以將油滴入洗澡水。如果使用精油，切莫超過三滴。太多精油會刺激你的皮膚，或是讓身體系統不堪負荷。請記住，精油是帶有化學成分的濃縮精華，很容易過度使用。如果你想泡在多種精油中，可以將三滴精油融入四分之一杯的基底油，例如荷荷芭油、甜杏仁油，再將所有油一起倒入洗澡水中。建議你在使用精油和香料油來泡澡時都這麼做，因為你的皮膚有可能對它們敏感。加幾滴精油或香料油到基底油中，再用來泡澡，比較安全。

你也可以滴幾滴油到一杯牛奶中，再倒進洗澡水浸泡。

浴鹽

浴鹽是放鬆同時吸收魔法能量的美好方法。鹽是天然提取的物質，也有助於放鬆緊繃的肌肉。然而，用鹽來製作浴鹽配方時，不是拿食鹽來做，而應該拿鎂鹽、海鹽、猶太鹽，或是各種鹽的組合。你可以從天然食品店和多數雜貨店中買到海鹽，猶太鹽可以從雜貨店或猶太商店購得，鎂鹽則可以在你家附近的藥局找到。

> 家用浴鹽中還可以放入其他添加物，例如奶粉、植物性食物色素、磨成粉的香草、水晶或石頭等。如果加入油，它就成了磨砂浴鹽。

你可以將浴鹽放進梅森罐（mason jar，譯註：一種用來存放食物的家用玻璃罐）混合與存放，但要記得鹽會侵蝕金屬蓋。請尋找有膠條密封蓋的玻璃罐、下扣式封蓋罐或是木塞封口罐。千萬不要將浴鹽存放在金屬罐中，不然金屬會生鏽，也要留意塑膠容器容易吸附浴鹽的氣味，以後就不能重複使用了。

原則上，你可以放四分之一到一湯匙的浴鹽到洗澡水中。如果你想要放大量浴鹽，可以緩慢地加入，以確保鹽不會刺激你的皮膚或身體系統。

基本浴鹽配方

請把這種配方當成調配魔法浴鹽的基礎。

你可以任意組合浴鹽、鎂鹽、猶太鹽。

以下分量可做出四杯（約一公升）

材料

◎ 2 杯海鹽或其他鹽

◎ 2 杯小蘇打粉

◎ 密封蓋玻璃罐，容量一公升以上

做法

1. 以果汁機或食物處理機混合各種成分，攪勻成細粉。
2. 存放在密封罐中。
3. 使用時，將半杯浴鹽放進流動的洗澡水中。

在這個基本配方之外，還可以添加以下任何一種或全部的材料：

◎ 3 到 5 滴（一或多種）精油

◎ 2 茶匙乾香草細粉

◎ 1 到 3 滴食物色素

◎ 如果你的皮膚偏乾，可以加 1 茶匙液體甘油（可在藥房購買）來滋潤皮膚

◎ 1 份燕麥細粉

◎ 半份杏仁細粉

繁榮浴鹽

當你覺得自己需要提升個人的豐盛能量時，可以使用這個配方。以下成分可做出二·五杯（約六百毫升）

材料

◎ 1 杯海鹽
◎ 1 杯鎂鹽
◎ 密封蓋玻璃罐，容量六百毫升以上
◎ 3 滴柑橘油
◎ 2 滴肉桂油或 1 茶匙肉桂粉
◎ $\frac{1}{4}$ 杯薄荷葉粉
◎ 3 滴綠色植物性食物色素（可不用）

做法

1. 以果汁機或食物處理機混合各種成分，攪勻成細粉。將鹽倒進罐子，蓋上蓋子。搖勻浴鹽。
2. 再度打開罐子，加幾滴油和細草料。蓋上蓋子後充分搖勻。
3. 如果要使用食物色素，請打開罐子加三滴。蓋上蓋子搖勻。請留意食物色素只要一點就夠了，不要加太多。如果你希望顏色深一點，可以再加一、兩滴後搖勻。加入顏色的目的只是為了加強其他成分的繁榮能量。如果你認為繁榮與某種顏色有關，請逕行換成那種顏色。

4. 使用時，將半杯浴鹽放進流動的洗澡水中。

牛奶浴

在洗澡水中加入牛奶，給人格外奢侈的感覺。牛奶對皮膚有絕佳的柔嫩功效，但如果你對奶製品敏感，請勿進行牛奶浴。

最簡單的牛奶浴配方是將一杯全脂牛奶（不要使用脫脂牛奶，連部分脫脂的牛奶也不要）倒進洗澡水。要加強柔嫩功效，可以加一湯匙蜂蜜到牛奶中攪勻，再倒進水中。如果你喜歡，可以先熱過牛奶以促使蜂蜜溶解：將蜂蜜牛奶放進微波爐加熱一分鐘。你還可以加幾滴油到溫牛奶中，再倒進浴缸。先攪拌油和牛奶，有助於讓油在洗澡水中迅速散開，而不是浮在水面上。

如果你想事先準備好牛奶浴粉存放，請拿奶粉來做。將一勺奶粉舀進洗澡水，奶粉會融化，功能跟鮮奶一模一樣。

燕麥牛奶浴

燕麥是已知的皮膚軟化劑，將燕麥加入牛奶後再倒進洗澡水，可以帶來令人愉悅、撫慰身心的泡澡經驗。當你曬傷或想軟化粗糙皮膚時，可以試試看。

你也可以加入香草或幾滴油到以下配方中。
以下分量可做出四杯（約一公升）

材料

◎ 1 杯玉米澱粉
◎ 2 杯奶粉
◎ 1 杯乾燕麥
◎ 密封蓋玻璃罐，容量一公升以上

做法

1. 將所有成分放進食物處理機或果汁機攪拌，等充分攪成細粉後，再倒入玻璃罐。
2. 使用時，將半杯粉料放進流動的洗澡水中。

香草牛奶浴

簡單基本的牛奶浴是添加香草的絕佳基礎，可以依各種施法需要而調整。想要有額外的柔膚功效，可以將燕麥牛奶浴當成基礎來製作。
以下分量可做出三杯（約七百毫升）

材料

◎ 1 杯玉米澱粉

◎ 2 杯奶粉

◎ 2 湯匙乾香草

◎ 密封蓋玻璃罐，容量七百毫升以上

做法

1. 將所有成分放進果汁機或食物處理機中，攪勻成細粉後，再倒入玻璃罐。
2. 使用時，將半杯細粉倒入流動的洗澡水中。

以下是建議加入牛奶浴的香草：

◎ 冬日能量浴：肉豆蔻、肉桂、少許薑

◎ 夏日花園浴：薰衣草、玫瑰、馬鞭草、少許柑橘皮

◎ 秋日古銅浴：罌粟、肉豆蔻、檀香

◎ 春日曙光浴：薰衣草、茉莉、蘋果花

製作修復精華露

精華露可以用來給物品上油，只要其中沒有毒性成分，也可以塗在人身上。有些精華露甚至可以飲用。

精華露也可以像物品一樣使用：可以泡釀後裝瓶，然後放在某個地方，以對周圍環境發揮功效。

石頭精華露

將石頭浸入水中一段時間，放在日光或月光下。你可以將石頭留在液體中，在必要時換水。務必先將石頭刷洗乾淨後再使用，也一定要依第五章描述的方法來滌淨附著於石頭上的所有外來能量。

色彩精華露

將水倒進乾淨的有色玻璃罐或瓶中，靜置在日光或月光下一段時間。穿透有色玻璃的光線，會將該色彩的能量賦予罐瓶中的液體。當人們覺得自己缺少某個色彩的能量時，往往會飲用那個顏色的色彩精華露。

如果你找不到需要的那個顏色的瓶罐，可以拿一張色紙包住透明的玻璃瓶罐，倒入水後，靜置一整個月運週期。

Chapter 9

綠魔法廚房食譜

我們必須記得，「吃」是神聖的行為。進食時，不論葷素，都是在與大自然進行連結，大自然是滋養的來源。將養分納入體內的同時，也是在對大自然於我們生活中的存在表示崇敬，並承認我們在自然秩序中的位置。

採收與準備食材也是神聖的行為，不過我們通常會盡量壓縮這些活動的時間，以留出餘裕去做其他事。

當我們理解到，準備食材的行為是有意識地將各種能量依某個目標組合，用心進食則能讓我們攝取那些能量，也就能知道，帶有覺知地準備食材和進食，能為這些行為帶來另一面意義。

本章在探索與各種食物有關的能量，並提出如何將其組成美味佳餚的一些建議。

汲取水果的能量

果實是植物自我繁殖的方法，蘊含著豐饒與富庶的基本能量。所有果實都有種子，種子即生命之源。不論我們吃不吃種子，其豐饒能量都充滿整顆果實。果實也是吸收季節能量的絕佳方法，因為在季節週期的不同點，會出現不同的果實。

果實的魔法聯想

以下的特性表，能夠協助你選出要使用哪些水果組成沙拉、水果派、果昔。

- 蘋果：健康、長壽、愛
- 梨：健康、繁榮、愛
- 柑橘：喜悅、健康、淨化
- 檸檬：淨化、保護、健康
- 萊姆：快樂、淨化、療癒
- 葡萄：繁榮、豐饒
- 奇異果：豐饒、愛
- 香蕉：豐饒、精力
- 芒果：靈性、快樂
- 桃子：靈性、豐饒、愛、和諧
- 鳳梨：繁榮、好運、保護
- 李子：愛、寧靜

- **甜瓜**：愛、平和
- **草莓**：愛、平和、快樂、好運
- **覆盆子**：精力、勇氣、療癒
- **藍莓**：寧靜、平和、保護、繁榮
- **黑莓**：繁榮、保護、富庶
- **蔓越莓**：保護、療癒

水果食譜

果實本身就很美味，幾乎不需要任何其他複雜的配料。以下是運用這項簡單好處的幾道食譜。

什錦水果

這種簡單食譜用一個碗集合當季水果，既美觀又美味，展現出你的巧手，也可以看成是符咒和食譜。你可以加入堅果增添視覺變化，同時加強豐饒與富庶的涵義。

請選以下的時令水果來搭配：

材料

◎ 春：草莓、哈密瓜、櫻桃

◎ 夏：柑橘、葡萄柚、檸檬、萊姆、桃子、油桃、李子、莓果

◎ 秋：蘋果、李子、桃子、葡萄

◎ 冬：堅果、蘋果、柑橘

做法

1. 清洗水果後，以乾淨的布或紙巾將之拍乾。
2. 在玻璃碗中擺出悅目的水果組合。可以在季節儀式中當成供品、主盤，或是當成早餐或甜點。

繁盛水果沙拉

這種時令早餐或甜點，集結了與繁榮、富庶有關的水果。請依你的喜好選用水果，多寡皆宜。

材料

◎ 新鮮鳳梨片
◎ 藍莓
◎ 櫻桃，去籽切半
◎ 葡萄，去籽切半
◎ 蘋果，切丁
◎ 梨，切丁
◎ 1 茶匙檸檬汁
◎ $\frac{1}{4}$ 杯糖

做法

1. 將水果洗淨、拍乾，切成適合入口的大小。
2. 在碗內組合水果。將檸檬汁淋在水果上。
3. 將糖撒在水果上，靜置一個小時。

水果飲料

調製水果飲料有特別令人心滿意足的地方。因為所有材料都齊備後就能享受飲料，不必把手指弄得黏答答。

基本的果昔分成兩種，一種混合水果與果汁，一種混合水果與牛奶、奶油、優格或冰淇淋。

這些調製方便的飲料結合了各種水果，創造出的美味飲劑，蘊含著繁榮、健康、愛的意義。

奶製品如同水果，其魔法聯想是富庶、愛、舒適，所以如果奶類的能量有助於達成你的施法目標，可以把牛奶、奶油或其他乳製品加入你的果昔食譜。

非奶類果昔用的基本果汁，可以包括蘋果汁、梨子汁、白葡萄汁。你也可以使用紅莓和柑橘，但這類水果的味道較重，可能無法在你的果汁中發揮補缺的功能。進行各種水果的果昔實驗時，也可以加入一茶匙檸檬或萊姆汁來加強風味。

非奶類果昔

這道食譜是一份的量，若要給更多人享用，可以增加分量。如果你選擇使用西瓜片，請不要將西瓜汁當成果昔用的果汁，不然果昔會變得太稀。

材料

◎ 你選用的水果（見前述的水果特性表）
◎ $\frac{1}{4}$ 杯果汁（蘋果、梨或白葡萄）
◎ $\frac{1}{4}$ 到 1 茶匙糖，或提味用（可不用）
◎ 裝飾用水果

做法

1. 將水果削皮、去籽後切片。
2. 將切好的水果與果汁、糖（有使用的話）放進果汁機。
3. 蓋上蓋子，打成細泥。
4. 倒進玻璃杯。以水果裝飾在杯緣，或將玻璃杯放在碟子或小盤上，放水果裝飾底部。

奶類果昔

這個版本的果昔融入優格成分。如果你希望水分多一點，可以改

用牛奶；如果想要更甜、更像甜點的點心，可以使用冰淇淋。要採用非乳製品的奶類，可以試試杏仁奶或豆奶，這兩者都有甜味（如果使用非乳製品奶類，可以不加糖）。

材料

◎ $\frac{3}{4}$ 到 1 杯自己選擇的水果
◎ $\frac{1}{4}$ 杯無糖優格
◎ 1 茶匙到 1 湯匙的糖（可不用）
◎ 裝飾用水果（可不用）

做法

1. 將水果削皮、去籽後切片。
2. 將水果與優格、糖（有使用的話）放進果汁機，打成細泥。
3. 倒進玻璃杯。以水果裝飾在杯緣，或將玻璃杯放在碟子或小盤上，放水果裝飾底部。如果喝起來太濃，再多攪進一點牛奶。如果不夠濃，把整杯拿回果汁機，加一點水果攪勻。

融合花卉的力量

雖然我們想到調味料時，通常想到的是香草，但使用花卉來烹飪與烘培，也可以帶來細膩無比的風味。你可以添加整朵花或花瓣到食物中，但你想要的往往是風味，而非實際的植物。花糖漿、花水、醃花瓣，都是方便的花卉調味料。花卉的魔法聯想請見第五章。

可以食用的花卉種類非常多。請探索你所在地區的花卉，從可靠的書籍查看當地種類的生物學名稱，發掘哪些是可以安全食用的花卉。

大體來說，只要沒有使用過殺蟲劑或被種在可疑的土壤中，以下花卉是安全的食物：

- 當歸
- 蘋果花
- 羅勒
- 蜂香薄荷
- 琉璃苣
- 金盞花
- 洋甘菊
- 菊苣
- 蒲公英
- 接骨木花
- 薰衣草
- 紫丁香
- 菩提
- 歐當歸
- 薄荷
- 金蓮花
- 三色堇
- 紅花苜蓿
- 紫羅蘭

糖果花

這是一種保存花卉以供日後使用的甜美方法。糖果花可以用來裝飾蛋糕、甜點，或當成儀式供品。

蛋與繁榮、療癒、保護、健康有關。糖與愛、快樂有關。你要用來做成糖果花的可食用花卉，則帶有自身的能量。我建議使用玫瑰花瓣（愛、快樂）、香堇（平和、和諧）、金蓮花（保護、療癒）、三色堇（愛、快樂）、薰衣草枝（平和、快樂、和諧）。

有些香草如迷迭香，也能做出有意思的糖果枝，在柑橘風味甜點中增添鹹味。不妨實驗看看！

基本的糖果花

材料

◎ 2 杯有機可食用花卉什錦
◎ $\frac{1}{2}$ 杯特細砂糖（或果糖）
◎ $\frac{1}{4}$ 杯蛋白（3 顆大蛋的蛋白），打發備用
◎ 鑷子
◎ 小畫刷
◎ 湯匙
◎ 碗
◎ 蠟紙
◎ 氣密容器

做法

1. 輕輕清洗並晾乾花朵。你可以將花瓣逐一從花莖剝下，或是將整朵花從莖上剪下來，捨棄莖葉不用。
2. 將糖倒進碗裡，打發的蛋白放進另一個碗。
3. 以鑷子夾起花朵或花瓣。拿畫刷薄塗一層蛋白在每一面。

4. 將花輕輕放進糖碗中。拿湯匙灑多一點糖在花上，使其完全覆滿糖。
5. 以鑷子夾出碗中的花，輕輕放在蠟紙上。
6. 其他花朵也依樣處理。
7. 如果有必要，為蠟紙上的花灑更多糖。靜置八小時以上，等它晾乾變硬。如果你所在的環境較潮濕，改把花放在鋪了鋁箔的烤盤而非蠟紙上，放進預熱至華氏 150 度（約攝氏 65.5 度）的烤箱，烤箱門留一條縫，烘約兩小時。必須等花全都乾了，再以蠟紙小心地層層包好，放進密封容器中。

花水

雖然花水可以用來取代食譜中的水，但花水也是很好的化妝水。

玫瑰水也許是最著名的花水，不過你也可以拿幾種不同的可食用花卉來製作。請思考你的施法目標需要哪些魔法特性，再依此來選擇花卉。試著將花水放在噴霧瓶中冷卻後，再噴在臉上和身上，在夏日可以有效帶來沁涼感。

你也可以混合不同花水來使用。請準備個別的花水，一種花做成一種花水，然後再將各種花水混合成新的花水。例如，你可以混合薰衣草水與紫羅蘭水，在夏日就寢前噴灑，會有清爽宜人的沁涼感。你也可以混合柑橘水與一點薄荷水在冬日使用。

要記得，只使用沒有噴過化學藥劑的花卉。

如果你希望花水能存放一個星期以上，以供日後使用，可以將水以乾淨的製冰盒冷凍起來，再取出冰塊，存放在以標籤清楚標示的夾鏈袋中。

只要拿捏好比例，你可以自行增減下列配方。如果你做好了花水，但對結果不滿意，下次可以增減花瓣的數量。請記住，花水本來就不是濃稠的浸劑或茶；只要稍微有花香和花味，應該就夠了。

玫瑰天竺葵水

這種配方採用玫瑰天竺葵芬芳的葉子。你可以用這種水取代食譜中的水。玫瑰天竺葵的魔法聯想是愛與平和。

材料

◎ 玫瑰天竺葵的三片大葉子，先清洗好

◎ 附蓋玻璃罐（約五百毫升容量）

◎ 兩杯沸水

做法

1. 將玫瑰天竺葵葉放進罐中，倒入沸水。就這樣浸泡到冷卻。
2. 取出葉子。將花水放進冰箱保存，最多一個星期。

花糖漿

以花糖漿取代蜂蜜，加入茶中能散發怡人的甜味。

倒在香草冰淇淋和天使蛋糕上當成簡單的甜點，也是精緻的點綴。

香堇糖漿

請以剛採下的香堇做這種糖漿。記得只使用未噴灑化學藥劑的花朵，也務必好好清洗並拍乾。

香堇有促進和諧與平和的作用，這種糖漿可以用在任何需要甜味的情況。

這種糖漿的魔法聯想是平和、和諧、快樂。

以下分量可做出約五百毫升的糖漿。

材料

◎ 2 杯水，分開放

◎ 2 杯香堇

◎ 2 只深玻璃杯或瓷碗

◎ 瀝水器

◎ 棉紗布

◎ 湯鍋（可以的話請試試玻璃鍋；有些人認為金屬會影響味道）

◎ 3 杯晶粒砂糖

◎ $1\frac{1}{2}$ 湯匙的萊姆汁

◎ 乾淨的附蓋玻璃瓶或罐子

◎ 氣泡水或蘇打水

做法

1. 煮沸一杯水。
2. 將香堇花瓣放入玻璃深碗中，倒入沸水。浸泡二十四個小時。
3. 擺好瀝水器與棉紗布，倒入香堇水，將水瀝到第二個碗中。擰一擰香堇花，擠出最後一點水。然後捨棄花朵。
4. 將糖、萊姆汁、另一杯水倒入鍋中煮沸。要仔細煮到略微變濃稠為止。
5. 加入香堇水。繼續煮沸五到十分鐘，等水變得更濃稠一點。
6. 從爐子上拿開，將水倒入乾淨的瓶罐中；蓋上蓋子，貼上名稱與日期標籤，存放在冰箱中。
7. 取用時，每次約舀 $\frac{1}{4}$ 杯糖漿到高杯中，再倒入氣泡水，並將糖漿攪散。加入冰塊。依你的口味調整糖漿在水中的分量。

你也可以在薑汁汽水或檸檬萊姆蘇打等甜飲中加入糖漿，分量為一湯匙（或提味就好）。
請試著以一滴糖漿，為咖啡或茶增加甜味，或是將之加入溫牛奶中，做為睡前的美味點心。

花糖

香味細膩的花糖，適合攪進茶中以增加風味。

薰衣草糖

這種糖不同於風味糖的地方，是會將香草加入糖中。也就是說，不將花草篩出。以下食譜的魔法聯想是平和、和諧、愛、快樂。

材料

◎ 1 份薰衣草花（去莖）
◎ 1 份晶粒砂糖
◎ 附蓋的罐子

做法

1. 將薰衣草花與糖放進果汁機裡。
2. 攪拌三分鐘，或直到花與糖攪勻成小顆粒為止。
3. 將糖放進附蓋的罐子中，最多存放一個月。

調製精力醋

我們都很熟悉浸製的香草醋，製作這種醋很容易，只要切細或略搗碎一把你想使用的新鮮香草，放入有密封蓋的玻璃罐就可以了。

在草料上倒入葡萄酒、蘋果酒、米醋，封蓋後，靜置在冰箱中至少兩到三週，這段期間每隔一陣子就拿起來搖一搖。接著濾出草料（不然味道會變苦）。

嚐嚐看。如果味道不夠濃，就再加一點切細或搗碎的香草，蓋上蓋子，再靜置一週。請每週檢查情況。達到你想要的味道時，濾出草料（如果加了第二輪香草，浸泡三週後味道還是不夠濃，請濾出草料，換一批新草料）。

水果醋比較不那麼出名，但製作方法相同：

1. 將水果切丁或略壓碎，裝滿一杯左右的分量，放進有密封蓋的玻璃容器（不要加太多水果，不然天然的糖會抵銷醋的天然酸性）。
2. 以蘋果酒或酒醋覆蓋水果。蓋上蓋子浸泡，放進冰箱，等你想要的味道出來為止。這段期間定時搖一搖容器。
3. 味道達到你想要的強度後，濾出水果。
4. 存放在冰箱。

水果醋是很好的沙拉調味料，也可以當成清爽的滷汁材料。

增加甜味的風味糖

風味糖可以在日常烘焙的任何情況下當成糖來使用，也可以增加茶的甜味。你可以加入早餐的什錦麥片中試試，或是撒在塗了奶油的吐司上增加甜味。你還可以在打鮮奶油時加進一茶匙，以微微的花香增加新鮮漿果或蛋糕的風味。

請試試以下列方法製作風味糖：

1. 鋪一層乾淨的乾香草或香料到晶粒砂糖上後，蓋緊蓋子。
2. 靜置三週待其熟成。如果你選用的香料氣味很濃（例如肉桂或丁香），請過兩週就檢查糖的風味。如果香料的氣味較幽微，也許就多擺一些時日，以增加風味。

請勿使用草料粉或香料粉。請用完整或壓碎的種子或果實。例如，可以放進整個丁香，或把肉桂棒剝碎後塞進糖中。

製作花糖時，把花瓣一片片分開很重要，要確保當中沒有附著任何綠葉或莖。你可以剪掉花朵中連著莖的白色端（雌蕊）。也要確定你選用的花可以食用。雖然最後你會篩出花瓣，但花瓣的油和滋味會留下來，儘管聞起來同樣是花香，但你無從判斷那些花是否可安全品嚐。

以下建議的花草可以單獨使用，也可以組成美味的風味糖：

- 薰衣草
- 香草豆
- 玫瑰
- 紫羅蘭
- 薄荷葉
- 柑橘花
- 香葉天竺葵

風味糖

不要以肉桂或丁等乾香料來取代食譜中的香草；因為這類風味糖的氣味會太重。

要以乾香料來製糖，請見下方的香料糖食譜：

材料

◎ 乾淨的乾玻璃罐，附密封蓋

◎ 1 杯晶粒砂糖

◎ 1 杯洗淨、拍乾的新鮮花草

做法

1. 倒 $\frac{1}{4}$ 杯的糖到玻璃罐底。
2. 在糖上鋪 $\frac{1}{4}$ 杯的草料或花瓣。
3. 再倒入 $\frac{1}{4}$ 杯的糖。
4. 重複這種一層草料、一層糖、再一層草料、再一層糖的過程。距離罐口要留出大約一公分的空間。
5. 蓋好蓋子後搖一搖，讓草料在糖中充分搖勻。
6. 將糖放在陰涼的地方，靜置三週到一個月後再使用。
7. 如果你想在烘焙或烹飪時使用風味糖，請先篩出草料。如果把花草留在糖中，留得愈久，味道就愈濃。取用糖以後，在罐中添加無風味的糖，蓋上蓋子後搖勻，就會浸染罐中的花香了。
8. 如果你住在潮濕的環境中，請仔細留意花草的情況，因為隨時有可能發霉或腐爛。發生這種情況時，就必須把糖扔掉了。要避免發生這種情況，一開始務必完全拍乾所有花草，在糖中的香味達到你想要的強度後，也盡早將草料從糖中篩出。

香料糖

以下食譜做出的芬芳香料糖，適合用來烘焙，增添咖啡或濃茶的風味，當成咖啡蛋糕或水果派的碎片淋醬。如果你只用一種香料製糖（例如肉桂糖），可以直接把肉桂棒掰成幾段塞進小糖罐中，擺在陰涼、乾燥的地方，至少靜待兩週熟成。使用糖時，請先搖一搖，可以取代晶粒砂糖使用。

材料

◎ 1 杯晶粒砂糖

◎ 1 湯匙磨碎的肉桂

◎ 1 茶匙磨碎的丁香

◎ 1 茶匙肉豆蔻

◎ 2 茶匙磨碎的薑

◎ 乾淨的乾玻璃瓶，附密封蓋

做法

1. 在小碗中混合所有香料。
2. 倒 $\frac{1}{4}$ 杯的糖到玻璃罐底部。
3. 倒入 $\frac{1}{4}$ 分量的混合香料。
4. 在香料上再添加 $\frac{1}{4}$ 杯的糖。重複這種做法，一直到最後 $\frac{1}{4}$ 杯的糖用完為止。距離罐口要留出大約一公分的空間，然後要仔細蓋好。

5. 搖勻所有材料。
6. 將糖罐擺在陰涼的地方，兩週後再使用。
7. 如果你沒有磨碎的肉桂或丁香，請將肉桂棒掰成幾段，連同一、兩枝丁香當成香料層的用料。記得取用糖之前要先篩過。加一點香草豆到香料糖中，可以更添美味！

強身蔬菜

蔬菜如同水果，是植物可見的種子容器，因此蔬菜帶有周而復始、豐饒等魔法聯想。烹飪時，你可以選擇具有特定季節聯想的蔬菜，以便吃下後與當季的能量同步，也可以依其魔法聯想來挑選食材。

以下是幾種常見蔬菜及其魔法聯想：

- **大蒜**：療癒、保護、清除、淨化
- **洋蔥**：保護、驅邪、療癒、繁榮
- **萵苣**：豐饒、平和、和諧、保護
- **蘿蔔**：豐饒、健康
- **豌豆**：愛、富庶
- **黃瓜**：豐饒、療癒、和諧
- **馬鈴薯**：豐饒、保護、富庶
- **芹菜**：愛、寧靜、專注

- 南瓜：富庶、和諧
- 蘑菇：精力、勇氣、療癒、保護
- 韭蔥：保護、和諧
- 花椰菜：保護、豐饒
- 青花菜：保護、富庶
- 豆類：愛、家庭、保護
- 高麗菜：保護、繁榮
- 番茄：保護、愛

湯

湯是使用蔬菜的絕佳方法。一道湯品主菜再加上豐盛的麵包，便是以這些健康食物大飽口福的方法。以下列出幾種以蔬菜為基礎食材的季節湯品食譜。

西班牙番茄冷湯

這種蔬菜冷湯是夏至時的清爽點心，也可以當成烤肉的可口良伴。這種湯的魔法聯想包括繁榮、健康、愛、保護、平和、和諧。這是綠女巫的夢幻食譜，因為當中涵蓋了綠魔法的所有七種焦點基本領域。綠甜椒與繁榮有關；黃瓜與平和、和諧、健康有關；番茄與愛、健康有關；芹菜與平和有關；洋蔥與大蒜和保護、健康有關；酪梨與愛有關。

以下分量可做出四到六人份。

材料

◎ 2 顆大的綠甜椒，去芯、去籽並切丁
◎ 1 根大的黃瓜，削皮後切段
◎ 900 公克番茄，去芯後切丁
◎ 1 根芹菜梗，切段
◎ 1 顆中型洋蔥，剝皮後切碎
◎ 2 片蒜瓣，剝皮
◎ 1 顆中型酪梨，切碎（可不用）
◎ 1 茶匙鹽
◎ $\frac{1}{4}$ 茶匙新鮮的磨碎黑胡椒
◎ 一撮羅勒
◎ 一撮香芹
◎ $\frac{1}{3}$ 杯橄欖油
◎ 1 湯匙檸檬汁
◎ $\frac{1}{4}$ 杯酒醋
◎ 2 罐（350 到 440 毫升）蕃茄汁或 V8 牌蔬菜汁

做法

1. 在果汁機中，分多次攪拌前七種食材，直到打成細泥。
2. 倒進大碗後，倒入其他食材充分攪勻。

3. 蓋上蓋子，至少冷卻五個小時或放隔夜。充分攪拌並嚐嚐味道，上桌前先調味，有必要就調整一下。
4. 以幾個碗或大馬克杯來裝湯，以一點麵包丁、酸奶或優格、香菜點綴。

蘋果杏仁咖哩湯

這種可口餐點為標準湯品帶來令人耳目一新的變化，適合秋分時節食用。這種湯的魔法聯想包括健康與療癒、繁榮、保護。蘋果與健康、療癒、愛、保護、不朽有關。杏仁蘊含繁榮、療癒的能量。咖哩與保護有關。

以下分量可做出四到六人份。

材料

◎ $\frac{1}{4}$ 杯奶油
◎ 1 顆中型洋蔥，剝皮後切碎
◎ 680 公克蘋果，去核、削皮後切丁
◎ 6 湯匙杏仁粉
◎ 4 杯雞肉或蔬菜高湯
◎ $\frac{1}{2}$ 茶匙咖哩粉
◎ $\frac{1}{4}$ 茶匙鹽

◎ $\frac{1}{4}$ 茶匙剛磨好的黑胡椒粉，或提味用
◎ $\frac{1}{2}$ 杯低脂奶油、無糖優格或杏仁奶
◎ 烤過的切片杏仁，當成裝飾

做法

1. 將奶油以大燉鍋融化。加入洋蔥，以小火慢燉至變軟（約五分鐘）。加入蘋果丁，緩緩攪拌兩到三分鐘。
2. 將杏仁粉撒在蘋果和洋蔥上，再攪一到兩分鐘。
3. 倒入高湯與咖哩粉後煮沸。加入鹽與胡椒提味。
4. 把火關小。蓋上鍋蓋燉二十分鐘。這樣蘋果應該就煮爛了。
5. 把鍋子從爐火上移開，讓湯稍微放涼。將湯倒進果汁機或食物處理機攪拌成細泥。
6. 將湯篩濾到乾淨的盤子裡。加入奶油、優格或杏仁奶後攪勻。嚐嚐味道，必要的話調整口味。如果湯太濃，可以加一點高湯，以小火重新加熱。
7. 端上熱湯，以幾片烤過的杏仁片點綴。你喜歡的話，還可以在頂端灑一點咖哩粉。

番茄湯

番茄有愛、保護等傳統聯想。番茄也富含各種維生素，使其成為

強身的理想水果。羅勒與愛、保護、繁榮有關，起司則與愛、喜悅、靈性有關。這道湯的魔法聯想包括繁榮、健康與療癒、愛。以下分量可做出四到六人份。

材料

◎ 2 湯匙橄欖油
◎ 1 顆中型洋蔥，剝皮後切丁
◎ 2 片蒜瓣，剝皮後切碎
◎ 1 到 2 湯匙的新鮮青醬（可不用）
◎ 4 杯切碎的新鮮番茄
◎ 2 杯雞肉或蔬菜高湯
◎ $\frac{1}{4}$ 茶匙鹽
◎ $\frac{1}{4}$ 茶匙剛磨好的黑胡椒粉，或提味用
◎ 新鮮羅勒碎片，裝飾用
◎ 2 湯匙艾斯阿格（Asiago）或莫札瑞拉（mozzarella）起司粉，裝飾用

做法

1. 將油倒在大燉鍋中加熱。加入洋蔥、大蒜、青醬（有使用的話）。以中火燉煮五分鐘，直到洋蔥變軟。
2. 加入番茄與高湯。攪勻後煮沸。加入鹽與胡椒。
3. 關至小火。蓋上鍋蓋慢慢燉煮十五分鐘，期間偶爾攪拌一下。

4. 將鍋子從爐火上移開，讓湯稍微放涼。接著，將湯倒入食物處理機或果汁機，分次攪拌成細泥，然後篩濾到乾淨的湯鍋中，以去除所有剩餘殘渣。
5. 再度以小火重新加熱湯。嚐嚐味道，必要的話調整口味。如果湯太濃，可加一點高湯。
6. 趁熱裝碗上桌。在湯裡撒一點新鮮羅勒碎片、少許艾斯阿格或莫札瑞拉起司粉、一點新鮮胡椒粉。

胡蘿蔔香菜柑橘湯

這種湯最適合在夏末或初秋飲用，其魔法聯想包括健康、快樂。胡蘿蔔與健康、活力有關，柑橘則與快樂、健康有關。兩者都是亮橘色，而這種顏色又與健康、成功、日能量有關。食譜中的香菜帶有愛的能量、主動的活力。

以下分量可做出四到六人份。

材料

◎ 3 湯匙橄欖油

◎ 1 顆中型洋蔥，剝皮後切成大塊

◎ 680 公克胡蘿蔔，削皮後切成細片

◎ 2 到 3 湯匙香菜粉

◎ $\frac{1}{4}$ 茶匙鹽

◎ $\frac{1}{4}$ 茶匙剛磨好的黑胡椒粉，或提味用

◎ 4 杯雞肉或蔬菜高湯

◎ $\frac{1}{4}$ 杯鮮榨橘子汁

◎ 橘皮細絲（裝飾用，可不用）

◎ 壓碎的香菜籽（裝飾用，可不用）

做法

1. 將油倒在大湯鍋中加熱後，放入洋蔥慢燉五分鐘，或是直到洋蔥變軟。
2. 加入胡蘿蔔、香菜、鹽、胡椒粉提味。蓋上鍋蓋，慢燉五分鐘到胡蘿蔔變軟為止，期間偶爾搖一搖，以免食材黏鍋。
3. 倒入高湯攪拌。煮沸後把火關小，蓋上鍋蓋。慢火燉煮三十分鐘，或到煮爛胡蘿蔔為止。
4. 把鍋子從爐火上移開，等湯稍微變涼後，再分次倒入果汁機或食物處理機，打成細泥。將湯篩濾進乾淨的鍋子，以去除任何剩餘殘渣。
5. 倒入橘子汁，以慢火加熱。如果湯太濃，可以再加一點高湯。嚐嚐味道，必要的話調整口味。
6. 趁熱裝碗上桌。如果你喜歡，可以用橘皮細絲和壓碎的香菜籽來裝飾。

洋蔥湯

洋蔥湯是冬日的暖身佳餚，其魔法聯想包括健康、保護。洋蔥帶有避邪、避凶的能量，也有健康良好的聯想。洋蔥也是加強免疫系統抗病力的絕佳食物。香芹與保護、繁榮、豐饒有關。

以下分量可做出四到六人份。

材料

- ◎ 6 湯匙奶油
- ◎ 4 到 6 顆大型白洋蔥，剝皮後切塊
- ◎ 3 湯匙黑糖
- ◎ 2 湯匙麵粉
- ◎ 4 杯雞肉或蔬菜高湯
- ◎ 2 湯匙切碎的新鮮香芹
- ◎ $\frac{1}{4}$ 茶匙鹽，或提味用
- ◎ $\frac{1}{4}$ 茶匙剛磨好的黑胡椒粉，或提味用
- ◎ $\frac{1}{4}$ 杯雪利酒或波特酒（可不用）
- ◎ 法國麵包或麵包丁，裝飾用
- ◎ 1 杯莫札瑞拉起司粉，裝飾用
- ◎ 細切的香芹，裝飾用

做法

1. 將奶油放到大燉鍋中加熱融化。加入洋蔥與黑糖，以中火至大

火燉煮十五分鐘，期間持續攪拌，直到洋蔥變得黏稠、呈焦糖色為止。把鍋子從爐火上移開。

2. 倒入麵粉攪拌。慢慢倒入高湯，邊倒邊攪。把鍋子拿回爐火上煮沸，期間持續攪拌。加入香芹、鹽、胡椒粉提味。
3. 蓋上鍋蓋慢火燉煮二十分鐘，期間偶爾攪拌。
4. 倒入雪利酒或波特酒（有用的話）。嚐味道做必要的調整。
5. 趁熱裝碗上桌。以一片烤過的法國麵包或麵包丁裝飾，灑上起司粉和碎香芹。你想要的話，可以將碗放到烤盤上，在烤箱下層烤一分鐘，讓起司完全融化。

結合穀物的好處

大體來說，穀物（小麥、大麥、稻、玉米）代表著安穩、富庶、豐饒、周而復始、繁榮。以下是兩道以穀物為基礎的配菜食譜，都結合了香草與起司，其魔法聯想是愛與健康。你可以依自己的喜好決定要使用哪些香草。

起司香草飯

米飯在魔法上與豐饒、繁榮、富庶有關，這是傳統婚禮中對新人

灑米的原因。這道食譜做出的配菜，可以完美搭配厚實肉類或大量蔬菜的餐點。以下分量可做出四份配菜。

材料

◎ 1 杯生白米
◎ $1\frac{3}{4}$ 到 2 杯雞肉或蔬菜高湯
◎ $\frac{1}{2}$ 杯巧達起司條
◎ 1 顆小洋蔥，剝皮後磨碎
◎ 2 顆大蛋，打散備用
◎ $\frac{1}{4}$ 杯奶油
◎ $\frac{1}{2}$ 杯細切的各種香草（例如：迷迭香、香芹、百里香、牛至、蔥）
◎ $1\frac{1}{2}$ 杯牛奶

做法

1. 將烤箱預熱到華氏 250 度（攝氏 120 度）。
2. 拿中型燉鍋煮沸高湯後，加入米攪拌一下。把火關小，蓋上鍋蓋燉煮二十分鐘。然後把鍋子從爐火上移開。
3. 在煮好的米中，加入起司、洋蔥、蛋、奶油，充分攪拌後，再慢慢加入香草與牛奶攪拌。
4. 舀進大砂鍋中，放入烤箱烤一個半小時。

香草波倫塔玉米粥片

波倫塔是以玉米粉煮成的糊狀料理，質地類似軟馬鈴薯泥，通常和馬鈴薯、米飯一樣被當成配菜。波倫塔也如同這些澱粉類般變化多端，可以依你的喜好加料或保持原味。做波倫塔時，要使用質地像沙粒的玉米粉（麵粉般的質地就太細了）。煮波倫塔的訣竅是，絕對不要停止攪拌。

玉米在魔法上有繁榮、健康、豐饒的聯想。這些玉米粥片熱熱地吃最可口，但也可以放涼後食用。主食是大量沙拉時，和波倫塔是絕配。這道菜的魔法聯想是繁榮、健康、保護。

以下分量可做出八份配菜，做主菜則是四份。

材料

◎ $2\frac{1}{2}$ 杯雞肉或蔬菜高湯

◎ $\frac{2}{3}$ 杯玉米粉

◎ $\frac{3}{4}$ 杯味道較濃的起司粉（如格呂耶爾〔Gruyere〕起司、瑞士起司、埃文達〔Emmentaler〕起司）

◎ 3 茶匙奶油，分成兩份

◎ $1\frac{1}{2}$ 茶匙切細的新鮮迷迭香

◎ 1 茶匙切細的百里香

◎ 1 茶匙切細的香芹

◎ 鹽與胡椒（可不用）

◎ 8 根小香草枝，裝飾用（可不用）

做法

1. 將奶油抹在 9 英寸（約 22 公分）的玻璃派盤上。將烤箱預熱到華氏 350 度（約攝氏 177 度）。
2. 以厚底鍋煮沸高湯後，慢慢地將玉米粉加入，並一邊以木匙持續攪拌。
3. 把火轉到最小，持續攪拌到變稠為止（約六到八分鐘）。將鍋子從爐火上移開。
4. 加入起司粉和半塊奶油，攪拌到起司融化、完全融入波倫塔中為止。
5. 攪入細切的新鮮香草，你想要的話，可以用鹽和胡椒調味。
6. 將波倫塔倒進塗好奶油的烤盤中並抹平，待其放涼變硬（約三十分鐘）。
7. 為另一個烤盤鋪上鋁箔。將放涼後的波倫塔切成八等分。將每等分放上烤盤，並翻面讓平滑的底面向上。為每等分點綴一點剩下的奶油。
8. 將波倫塔烤到熱透（約十分鐘）。烤到最後一、兩分鐘時，灑一點香草枝在每一等分的表面。

本書還有最後一道食譜，但當然，綠女巫的食譜還有更多可能。高筋麵粉是小麥製成的，如同其他穀物產品，其中蘊含著繁榮的魔法聯想。麵包本身代表著穩定、和諧、成功。

香草農家麵包

這道食譜是添加香草的好基底。請試著使用新鮮香草，如果使用乾香草，請務必切細或搗碎。

趁這種麵包溫熱時，塗上一層厚厚的奶油來享用，十分美味，其相關的魔法聯想是健康、繁榮、富庶、穩定。

以下的分量可做一條麵包。

材料

◎ 1 湯匙糖

◎ 1 杯溫水（大約華氏 110 度／攝氏 43 度），分兩次使用

◎ 2 茶匙酵母粉（或一包酵母粉）

◎ 1 茶匙鹽

◎ 2 杯麵粉，多一點以備揉麵用

◎ 1 湯匙細切的新鮮迷迭香

◎ 1 湯匙細切的新鮮百里香

◎ 1 湯匙細切的新鮮蒔蘿

◎ 1 湯匙細切的新鮮蔥

◎ 1 湯匙橄欖油，多一點以備塗外層用

做法

1. 在杯子或小碗中倒入 $\frac{1}{4}$ 杯溫水，攪進糖。接著撒入酵母粉，讓它發酵到起泡（約五分鐘）。

2. 在大碗中倒入麵粉，攪進鹽。在中間挖洞後，倒入發酵的酵母粉水。
3. 加入香草和一湯匙橄欖油，攪勻所有材料。
4. 緩緩地把剩下的溫水倒入，揉成結實的麵粉團。如果加了太多水，只要再補一點麵粉就好。
5. 將碗的邊緣刮乾淨，刮下的麵粉再放回碗裡揉。在麵團和碗上灑一點乾麵粉。拿一條乾淨的濕布蓋住，放在溫暖、沒有氣流的地方，待其膨脹到一倍大（約一個半小時）。
6. 將麵團從碗中拿出來，放在鋪有麵粉的表面。揉五分鐘左右，讓麵團變得柔順有彈性。有必要的話，灑一些麵粉在麵團表面以免沾黏。
7. 將麵團揉圓壓扁成二·五公分厚的餅狀，或揉成吐司形狀。放上烤盤。以橄欖油刷麵團各處表面，等它膨脹到你想要的高度（將麵團放進微溫的烤箱，是待其發酵的好地點）。
8. 將烤箱加熱到華氏 400 度（攝氏 200 度）。如果你將麵團放在烤箱裡發酵，請小心取出再加熱烤箱。將麵包放進預熱好的烤箱烤十分鐘，或變得金黃為止。

其他可以讓麵包更可口的香草用料包括：

◎ 2 茶匙迷迭香、1 茶匙牛至、1 茶匙百里香

◎ 1 顆小洋蔥（剝皮後磨碎）和 2 茶匙蒔蘿

◎ 1 顆小洋蔥（剝皮後磨碎）和 1 到 2 片大蒜瓣（剝皮後切碎）

附錄

×

大自然材料的魔法聯想

大自然材料的魔法聯想

下列的魔法聯想列表，就如同本書中的其他列表，是我集結多年經驗整理而成，包含了傳統特性以及我的個人聯想。在個人實驗與工作之外，我多年來的參考來源包括了：莫德．格列夫（M. Grieve）的《現代草藥》、史考特．康寧罕（Scott Cunningham）的《魔藥學》、保羅．貝耶爾（Paul Beyerl）的《草藥學綜覽》與《草藥魔法大全》，以及傑米．伍德（Jamie Wood）的《威卡藥草學》。

多香果（Allspice）	繁榮、好運、療癒、淨化、保護、金錢
杏仁（Almond）	愛、金錢、療癒、智慧
當歸（Angelica）	保護、消除法咒、療癒、靈力、福進家門、淨化
洋茴香（Anise）	靈力、性慾、好運、淨化、愛
蘋果（Apple）	愛、療癒、平和
灰粉（Ash）	保護、精力、療癒、繁榮
羅勒（Basil）	愛、信任、富庶、繁榮、勇氣、紀律、保護、婚姻、淨化、好運、心智能力
月桂（Bay）	保護、淨化、耐力、忠貞、靈力、占卜、智慧、精力
月桂果（Bayberry）	富庶、繁榮
安息香（Benzoin）	淨化、療癒、繁榮

樺樹（Birch）	保護、淨化、新開始、孩童
貓薄荷葉（Catnip）	貓、愛、美、快樂、寧靜、好運
柏樹（Cedar）	療癒、淨化、保護、繁榮
洋甘菊（Chamomile）	淨化、療癒、舒緩焦慮、緩和厄運、安撫孩童
繁縷（Chickweed）	動物、愛、忠貞、療癒、減重
肉桂（Cinnamon）	療癒、愛、肉慾、成功、淨化、保護、金錢、靈性覺醒
委陵菜／五葉草（Cinquefoil, Five-finger grass）	口才、機伶、金錢、保護、睡眠、預知夢、淨化、愛
丁香（Clove）	保護、心智能力、吸引力、淨化、舒適
苜蓿（Clover）	肉慾、消除法咒、繁榮、淨化、愛、好運、保護、成功、忠貞、舒適
聚合草／佩蘭（Comfrey, Boneset）	療癒、繁榮、保護、旅行
香菜（Coriander）	療癒、愛、肉慾
孜然（Cumin）	保護、防盜、愛、忠貞
柏樹（Cypress）	保護、舒適、療癒
雛菊（Daisy）	自然靈、愛、孩童

蒲公英（Dandelion）	長壽、加強靈力、直覺、靈性與情緒淨化
蒔蘿（Dill）	保護、愛、吸引力、金錢、精力、好運、舒眠、心智能力、減重
紫錐花（Echinacea）	療癒
接骨木、接骨木花（Elder, Elderflower）	避免被閃電擊中、美、占卜、繁榮、淨化、福進家門、療癒、睡眠
榆樹（Elm）	愛、保護
尤加利（Eucalyptus）	保護、療癒
小米草（Eyebright）	真相、破除幻覺、定性、靈力
茴香（Fennel）	勇氣、精力、滌淨
小白菊（Feverfew）	愛、忠貞、保護、療癒
亞麻（Flax）	金錢、保護、美、療癒
梔子花（Gardenia）	愛、吸引力、平和、冥思
大蒜（Garlic）	療癒、福進家門、保護、肉慾、防盜
天竺葵（Geranium）	愛、療癒、保護、豐饒
薑（Ginger）	療癒、愛、金錢、能量
山楂（Hawthorn）	保護、豐饒、快樂

榛樹（Hazel）	心智能力、豐饒、保護、智慧、好運
帚石楠（Heather）	保護、雨、好運
天芥菜（Heliotrope）	透視、靈力、健康、金錢
朱槿（Hibiscus）	愛、肉慾、占卜、和諧、平和
忍冬（Honeysuckle）	富庶、好運、繁榮、平撫悲傷、加強靈力（果實有毒，請勿使用）
啤酒花（Hops）	療癒、睡眠
風信子（Hyacinth）	愛、舒適、保護
牛膝草（Hyssop）	淨化、保護
茉莉（Jasmine）	愛、吸引力、繁榮、寧靜
杜松（Juniper）	滌淨、淨化、防意外、防病、防盜、豐饒、靈力
薰衣草（Lavender）	療癒、愛、快樂、治療悲傷與罪惡感、睡眠、寧靜、保護、淨化、平和、福進家門、智慧、孩童、婚姻
檸檬（Lemon）	淨化、愛、保護、快樂
甘草（Licorice）	愛、肉慾、保護、忠貞
紫丁香（Lilac）	保護、美、愛、靈力、淨化、繁榮

百合（Lily）	保護、愛情解藥、真相
萊姆（Lime）	愛、淨化、好運、睡眠
蓮花（Lotus）	福氣、冥思、保護
楓樹（Maple）	甜美、繁榮、婚姻、愛、金錢
萬壽菊（Marigold）	正能量、保護、紓解法律壓力、靈性覺知、平和
馬鬱蘭（Marjoram）	保護、愛、快樂、健康、金錢、婚姻、舒適
繡線菊（Meadowsweet）	平和、愛、快樂、靈性覺知
薄荷（Mint）	淨化、保健、明心、旅途平安、招財、健康、愛、成功
槲寄生（Mistletoe）	療癒、保護、愛、豐饒、睡眠、好運
艾草（Mugwort）	占卜、保護、療癒、精力、肉慾、靈力、豐饒、旅途平安
蕁麻（Nettle）	滌淨、避險、保障健康
肉豆蔻（Nutmeg）	透視、健康、好運、豐饒
橡樹（Oak）	淨化、保護、繁榮、療癒、金錢、豐饒、好運、精力
洋蔥（Onion）	療癒、保護、淨化
柳橙（Orange）	愛、喜悅、淨化、繁榮

牛至／奧勒岡（Oregano）	平和
香芹（Parsley）	療癒、肉慾、豐饒、愛、熱情、保護、破除法咒、繁榮、淨化、撫平悲傷
廣藿（Patchouli）	金錢、豐饒、肉慾、透視、占卜、愛、吸引力
胡椒（Pepper）	保護、淨化
松樹（Pine）	繁榮、療癒、淨化、豐饒
罌粟（Poppy）	豐饒、富庶、睡眠、愛
玫瑰（Rose）	療癒、愛、撫慰、復原、自愛、招桃花與福氣、解厄、加強靈力
迷迭香（Rosemary）	滌淨、保護、療癒、長壽、改善記憶力與專注力
花楸／山梣（Rowan, Mountain ash）	淨化、福進家門、保護、療癒、靈力、智慧、加強法術
芸香（Rue）	保護、心智能力、淨化、健康、舒適
鼠尾草（Sage）	療癒、長壽、健康良好、靈性覺知、保護

聖約翰草（St. John's Wort）	勇氣、太陽力、豐饒、淨化、療癒力、正能量
龍蒿（Tarragon）	滌淨、再生、轉化
百里香（Thyme）	淨化、靈性滌淨、占卜、療癒、加強記憶力、舒眠、勇氣
纈草／萬靈草（Valerian, All-heal）	淨化、保護、療癒力、愛、睡眠、吸引力
香草（Vanilla）	愛、繁榮、肉慾、能量、心智能力、創造力
馬鞭草／鐵馬鞭（Verbena, Vervain）	淨化、保護、福氣、與自然靈的溝通
紫羅蘭（Violet）	寧靜、愛、好運、保護、療癒
胡桃（Walnut）	療癒、心智能力
柳樹（Willow）	溝通、口才、保護、療癒、愛、夢
蓍（Yarrow）	婚姻、勇氣、愛與友誼、靈力、破除法咒

Mystery **31**

Mystery **31**